Erfolgreiche Stellensuche

Helena I. Schmidhauser
und Thomas Schmidhauser

# Erfolgreiche Stellensuche

Anleitung für die Stellenbewerbung
mit Briefbeispielen

**VERLAG:SKV**

**Thomas Schmidhauser** Diplomabschluss an der HWV Zürich. Von 1983 bis 1989 stand er im Dienste der City-Vereinigung Winterthur und war Mitbegründer des Ausbildungs- und Beratungsunternehmens Schmidhauser & Partner AG. Seit 1990 leitet er als Direktor der Schweizerischen Fachkommission den Aus- und Weiterbildungsbereich von Hotellerie, Restauration, Kollektiv-Haushalten, Gemeinschaftsgastronomie und Catering.

**Helena I. Schmidhauser** Diplom an der Kantonalen Handelsmittelschule am Technikum Winterthur. 1984 Mitbegründerin und seither Leiterin der Firma Schmidhauser & Partner AG, Schulung und Beratung, in Winterthur, spezialisiert auf Arbeit mit Stellensuchenden, Outplacements, firmeninterne Schulung, Coaching.

5. Auflage 1996   ISBN 3-286-50295-2

© Verlag SKV
Verlag des Schweizerischen Kaufmännischen Verbandes, Zürich

Alle Rechte vorbehalten.
Ohne Genehmigung des Verlages ist es nicht gestattet, das Buch oder Teile daraus in irgendeiner Form zu reproduzieren.

Gestaltung: Peter Heim
Umschlag:   Brandl & Schärer AG

## Vorwort zur fünften Auflage

Dieser Leitfaden erschien erstmals in der Rezession 1983 unter dem Titel «Stellensuche in härteren Zeiten» und wurde, als sich die wirtschaftliche Situation in den achtziger Jahren verbesserte, unter dem Titel «Erfolgreiche Stellensuche» herausgegeben.

Mittlerweile sieht die Situation für Stellensuchende wieder anders aus: Firmen und Personalverantwortliche erhalten viele Bewerbungen und Direktanfragen für offene Stellen und haben dennoch oft Mühe, geeignete Mitarbeiterinnen und Mitarbeiter zu finden. Damit Leerläufe auf seiten der Bewerber wie auch der Firmen reduziert werden können, ist es wichtig, die Stellensuche seriös vorzubereiten: persönliche Situationsanalyse, Stellenmarketing, optimale, empfängerorientierte Bewerbung, gute Vorbereitung auf das Gespräch. Dieser Leitfaden unterstützt Sie dabei.

Die vorliegende 5. Auflage ist gründlich überarbeitet worden. Anstoss dafür gaben Gespräche mit Firmeninhabern und Personalfachleuten, Anregungen von Teilnehmerinnen und Teilnehmern der Kurse für Bewerbungstechnik und der Seminare für stellensuchende Kaderleute und qualifizierte Berufsleute, die seit 1984 organisiert werden. Aber auch das Team der Schmidhauser & Partner AG in Winterthur, das diese Kurse leitet, Outplacements im Auftrage von Firmen durchführt und Stellensuchende auf ihrem Weg begleitet, arbeitet innovativ und engagiert mit. Ein Resultat ist die 1996 erteilte Präqualifizierung durch das BIGA (Bundesamt für Industrie, Gewerbe und Arbeit) für die Durchführung der «Basisprogramme» für erwerbslose Personen (persönlichkeitsorientierte Weiterbildungskurse). Ihnen allen gebührt unser herzlicher Dank.

Kritische Anregungen, auch in sprachlicher Hinsicht, brachte der Lektor des SKV Verlages, Christian Elber, ein. Dies sorgte für Nachdenken, Hinterfragen, Umformulieren. Vielen Dank.

Aus sprachlichen Überlegungen haben wir auf eine völlig geschlechtsneutrale Formulierung verzichtet und es gilt der Grundsatz, dass wir für Bewerber, Stellensuchende usw. in der Regel die männliche Form gewählt haben. Selbstverständlich meinen wir damit immer Männer *und* Frauen, Leser *und* Leserinnen. Sie, sehr geehrte Leserin, bitten wir um Verständnis.

Helena I. Schmidhauser und Thomas Schmidhauser

# Inhaltsverzeichnis

| | | |
|---|---|---|
| **1** | **Erfolgreiche Stellensuche** | 9 |
| 1.1 | Wirtschaftliche Ausgangslage | 9 |
| 1.2 | Strukturelle Umwälzungen und ihre Folgen | 11 |
| 1.3 | Grundlagen des Stellen-Marketings | 12 |
| 1.4 | Aufbau des Stellen-Marketings | 14 |
| | | |
| **2** | **Nachfrageanalyse** | 17 |
| 2.1 | Entwicklungsprognosen der Schweizer Wirtschaft | 17 |
| 2.2 | Bewertung einzelner Tätigkeiten innerhalb einer Firma | 21 |
| | | |
| **3** | **Angebotsanalyse** | 25 |
| | | |
| **4** | **Zielsetzung und Massnahmenplanung** | 33 |
| 4.1 | Zielsetzung | 33 |
| 4.2 | Massnahmenplanung | 34 |
| | | |
| **5** | **Technische Massnahmen bei der Stellensuche** | 39 |
| 5.1 | Die Technik der Stellensuche | 39 |
| 5.1.1 | Inserate – Stellenangebote | 39 |
| 5.1.2 | Inserate – Stellengesuche | 40 |
| 5.1.3 | Stellenvermittler | 41 |
| 5.1.4 | Rundschreiben an zielgerechte Firmenadressen | 42 |
| 5.1.5 | Persönliche Kontakte, Networking | 43 |
| 5.2 | **Die schriftliche Bewerbung** | 44 |
| 5.2.1 | Der schriftliche Lebenslauf | 44 |
| 5.2.2 | Das Bewerbungsschreiben | 68 |
| 5.2.3 | Das persönliche Rundschreiben an Firmen | 78 |

| | | |
|---|---|---|
| 5.3 | **Das Vorstellungsgespräch/Interviewtechnik** | 81 |
| 5.3.1 | Vorbereitung – persönliche Checkliste | 81 |
| 5.3.2 | Pünktlichkeit | 83 |
| 5.3.3 | Äussere Erscheinung | 85 |
| 5.3.4 | Informationen über den zukünftigen Arbeitgeber | 85 |
| 5.3.5 | Verhalten während des Vorstellungsgespräches | 86 |
| 5.3.6 | Das Vorstellungsgespräch aus der Sicht des Interviewers | 87 |
| 5.3.7 | Kritische Momente im Vorstellungsgespräch | 88 |
| 5.3.8 | Die persönliche Interviewauswertung | 90 |
| 5.4 | **Der Vertragsabschluss** | 93 |
| 5.5 | **Vertragsbedingungen** | 96 |

**Stichwortverzeichnis** . . . . . . . . . . . . . . . . . . . . . . . . . . . . . . . 98

# 1 Erfolgreiche Stellensuche

## 1.1 Wirtschaftliche Ausgangslage

Nach dem Zweiten Weltkrieg durfte die Schweiz eine fast ungebrochene Periode wirtschaftlichen Aufschwungs erleben. Arbeitslosigkeit war lange Zeit ein Fremdwort. Die kurzen Rezessionen von 1975/76 und 1982/83 brachten dem Schweizervolk diesen Begriff näher. Aber bald darauf herrschte wieder die für unser Land typisch gewordene Überbeschäftigung. Arbeitswillige hatten bei der Stellensuche kaum Schwierigkeiten. Natürlich fand nicht jeder die Idealstelle, aber Verdienstmöglichkeiten gab es genug. Deshalb hat sich in diesen Jahren auch kaum jemand in der Kunst der Stellensuche geübt, und nur die Arbeitenden in strukturschwachen Regionen machten sich ernsthaft Sorgen um den Verlust ihrer Arbeitsplätze.

In unserem Wirtschaftswunderland Schweiz zeigen sich seit 1990 aber erhebliche Risse. Die Zahl der Stellensuchenden hat Ausmasse angenommen, welche man kaum für denkbar hielt und die sich nicht mehr stark vom europäischen Umfeld unterscheidet. In Industrieunternehmungen, aber auch im Dienstleistungssektor häufen sich die Entlassungen. Das vermehrte globale Denken in Wirtschaftsfragen führt dazu, dass Konzerne ihre Haupttätigkeit in Billiglohnländer verlagern und traditionelle Produktionsstandorte, z.B. in der Maschinenindustrie, in der Schweiz aufgegeben werden. In den letzten Jahren hat sich gezeigt, dass eine wirtschaftliche Besserung nicht unbedingt die Beseitigung der Arbeitslosigkeit mit sich bringt. Die Entwicklung der jüngsten Zeit verunsichert viele Menschen und erzeugt Ängste unterschiedlicher Art. Bereits wird von einem zunehmenden «Abstieg in die neue Armut» gesprochen.

Um in Zukunft im europäischen Markt konkurrenzfähig zu bleiben, sind die Betriebe gezwungen zu rationalisieren (z.T. um «gesundzuschrumpfen», z.T. aber auch, weil Fachkräfte und Spezialisten fehlen). Rationalisierung bedeutet zum grossen Teil Einsparung an Personalkosten und

## Erfolgreiche Stellensuche

führt zur Entlassung der nicht richtig qualifizierten Mitarbeiterinnen und Mitarbeiter.

Noch nicht umfassend abschätzen lassen sich die Auswirkungen des Europäischen Marktes und die wirtschaftlichen Folgen der politischen Veränderungen in Osteuropa. Eine mögliche Öffnung des schweizerischen Arbeitsmarktes für Bewerber aus europäischen Ländern, verbunden mit allfälligen Verlagerungen von personalintensiven Produktionsbetrieben in ein noch kostengünstiges Osteuropa, könnte für schweizerische Stellenbewerber zusätzlich ungünstige Folgen haben. Das Finden von lukrativen und befriedigenden Arbeitsstellen wird wesentlich schwieriger werden. Wer die Verhältnisse in anderen Industrieländern kennt, der weiss, was Kampf um Arbeitsstellen wirklich bedeutet. Wenn sich auf ein kleines Inserat für die Stelle eines Hilfsbuchhalters 130 Personen melden, mit besten Zeugnissen und ausreichender Berufserfahrung, dann erleben diese Stellensuchenden den harten Arbeitsmarkt. Wenn sich Hochschulabsolventen für Reinigungsarbeiten und Taxifahren interessieren, wenn gute Verkäufer bereit sind, auf reiner Provisionsbasis ohne Aufwandentschädigung einen neuen Markt zu bearbeiten, wenn Lehrer monatelang mit einer kleinen Arbeitslosenentschädigung auf eine Hilfslehrer-Ablösung warten, wenn man sich freut, wenigstens eine Temporärstelle für ein paar Wochen oder eine Teilzeitarbeit für einige Stunden in der Woche zu ergattern, dann erleben diese Stellensuchenden, was «Arbeitsmarkt» in schwierigen Zeiten bedeutet.

Es ist dann wie immer im Leben: Wer sich auf schlechtere Zeiten vorbereitet, Vorsorge durch Aus- und Weiterbildung trifft, mehr Kenntnisse und Anpassungsfähigkeit beweist als seine Mitbewerber, wird bei der Stellensuche erfolgreich sein. Es ist das Ziel dieses Buches, Ihnen jenes Denken zu vermitteln, das Ihnen zu allen Zeiten die erfolgreiche Stellensuche möglich macht.

## 1.2 Strukturelle Umwälzungen und ihre Folgen

Unser privatwirtschaftliches Wirtschaftssystem zeichnet sich vor allem durch die Bereitschaft zur ständigen dynamischen Veränderung aus: Betriebsverlegungen, Geschäftsgründungen, Fusionen, Aufkäufe und Übernahmen, Investitionen, Vermögensverwertungen (Asset stripping), kreative Finanzierungen, Rationalisierungen, Personalabbau und gleichzeitig Personalsuche usw. Die Vorteile dieser permanenten Veränderungen in der freien Marktwirtschaft liegen im Vergleich zur sozialisierten Wirtschaft auf der Hand. Die Nachteile sind weniger spektakulär und treffen wenige Menschen – diese dafür um so härter. So bedeutet die Dynamik der Wirtschaft und der entsprechende Personalmarkt, dass jeder Arbeitsplatz fast über Nacht verschwinden kann.

Das ständige Beobachten des Arbeitsmarktes, eine gezielte Weiterbildung, Bereitschaft zur Veränderung und das Studium der «Erfolgreichen Stellensuche» sind gute Voraussetzungen für die Bewältigung der Folgen von strukturellen Umwälzungen. Selbstverständlich sind jedoch nach wie vor die individuelle Arbeitsleistung, die berufliche Erfahrung und Flexibilität sowie die Persönlichkeit für den Berufserfolg von entscheidender Bedeutung.

## 1.3 Grundlagen des Stellen-Marketings

Die Betriebswirtschaftslehre kennt seit langem den Begriff «Marketing». Darunter ist das Ausrichten aller unternehmerischen Anstrengungen ideeller, personeller und finanzieller Art auf die Bedürfnisse des Marktes und der potentiellen Kunden zu verstehen.

Folgende Fragen muss sich jeder Unternehmer und jeder Marketingbeauftragte kurz-, mittel- und langfristig stellen:

> Wie
> Wo
> Wann
> Warum
> } benötigt der Markt mein Produkt oder meine Dienstleistung?

Erfolgreich ist derjenige Unternehmer, der seine Produkte und Dienstleistungen am genauesten auf die Wünsche und Ansprüche seiner Kunden auszurichten versteht. Wer aber in erster Linie die eigenen Ideen und Wünsche verwirklichen und sich nicht dem Markt anpassen will, wird es wesentlich schwieriger haben. Dies gilt in gleichem Masse für den Arbeitsmarkt und die Stellensuchenden als Anbieter ihrer Arbeitsleistung.

Was der Unternehmer oder der Marketingleiter schon seit langem kennt, nämlich sich gegen grosse Konkurrenz durchzusetzen, das muss auch der Stellenbewerber lernen. Es gilt, das Angebot der eigenen Person (Ausbildung, Berufserfahrung, Persönlichkeit) möglichst genau auf die Bedürfnisse des zukünftigen Arbeitgebers auszurichten. Wer dieses Denken beherrscht, wird gegenüber seinen Mitbewerbern immer im Vorteil sein.

Wer bis heute bei Stellenbewerbungen vor allem seine eigenen Wünsche in bezug auf Lohn, Sozialleistungen, Arbeitszeit, Arbeitsweg, Arbeitsplatz, Aufstiegsmöglichkeiten und anderes mehr berücksichtigt sehen wollte, muss umdenken. Richtig im Rennen liegt, wer sich fragt:

– Welche Wirtschaftsbranchen benötigen kurz-, mittel- und langfristig weitere Arbeitskräfte?
– Welche Tätigkeiten sind kurz-, mittel- und langfristig gesucht?
– Welche Arbeitsleistung bringt meinem künftigen Arbeitgeber den grössten Nutzen?
– Welchen Arbeitnehmer würde ich als Arbeitgeber einstellen?

- Welche Kenntnisse muss dieser Arbeitnehmer aufweisen?
- Welche Fähigkeiten und Kenntnisse weise ich auf?
- Für welchen Arbeitgeber sind diese Fähigkeiten und Kenntnisse von besonderem Nutzen?

Es sind keine Geheimnisse, die wir Ihnen mit der Einführung des Marketing-Denkens für die Stellenbewerbung beibringen wollen. Es sind alles ganz klare und einfache Grundsätze. Wahrscheinlich haben Sie bereits ähnlich gedacht. Nun aber wollen wir diese Grundsätze systematisch in die Praxis der Stellenbewerbung übertragen.

## 1.4 Aufbau des Stellen-Marketings

Um ein gutes Stellen-Marketing betreiben zu können, müssen Sie sich an ein Konzept halten. Beginnen Sie mit einer Analyse von Angebot und Nachfrage. Legen Sie dann Ihre Ziele und die nötigen Massnahmen fest. Stellen Sie sich folgende Fragen:

■ **Nachfrageanalyse**
- Welche Branchen werden in den nächsten zehn Jahren wachsen oder mindestens nicht schrumpfen?
- Welche Firmen (Grösse, Struktur, Organisation) werden innerhalb der Wachstumsbranchen wachsen oder mindestens mithalten?
- Welche Berufstätigkeiten werden innerhalb der Firmen wichtiger werden?

■ **Angebotsanalyse**
- Welches sind meine Stärken bzw. Schwächen in bezug auf mein Angebot am Stellenmarkt?
- Wo und in welchen Betrieben finden sich für mich die besten Bewerbungschancen?
- Wo und wie finde ich Befriedigung?
- Wo und wie finde ich ein wachsendes oder mindestens ein sicheres Einkommen?
- Wo und wie finde ich soziales Ansehen?

■ **Zielsetzung und Massnahmenkatalog**
- Aufgrund der Nachfrage- und Angebotsanalyse formulieren Sie Ihre Zielsetzung.
- Aufgrund der Zielsetzung ermitteln Sie die geeigneten Massnahmen zur Erreichung dieses Zieles (zukünftige Arbeitsstelle).
- Listen Sie diese Massnahmen (z.B. Umschulung, Weiterbildung) auf und erstellen Sie einen Massnahmenkatalog:

    Wie / Wann / Wo } muss ich diese Massnahmen ergreifen, um mein Ziel, eine geeignete Arbeitsstelle, zu erreichen?

- **Technik der richtigen Stellensuche**
  - Erfassen des vollständigen Stellenangebotes
  - Bewerten der Stellenangebote und Vergleich mit der eigenen Zielsetzung
  - Bewerbungsschreiben
  - Interviewtechnik
  - Vertragsabschluss

## 2 Nachfrageanalyse

### 2.1 Entwicklungsprognosen der Schweizer Wirtschaft

Die kommenden Jahre werden für alle Schweizer Firmen, unbesehen der Branche, härter werden, als es die letzten vier Jahrzehnte waren. Hauptprobleme bilden dabei einerseits stagnierende Märkte in den Industrieländern und die Finanzknappheit in den an sich aufnahmefähigen Entwicklungsländern andererseits. Diese Scherenbewegung wird den Export aus unserem Land zunehmend erschweren. Die vor allem psychologisch (weniger von den Fakten her!) begründete Sonderstellung der Schweiz als Finanzplatz hat die Finanzierung der Schweizer Exporte bisher erleichtert. Es ist allerdings fraglich, ob dies auch bei weiterer Anspannung mittel- und langfristig so weitergehen kann. Sollte jedoch der Export von den Märkten oder von der Finanzierungsseite her erneut einen schweren Einbruch erleiden, wird sich die Lage auch für die Binnenwirtschaft (Bau-, Konsumgüterindustrie, Dienstleistungen, Handel) noch weiter verschlechtern.

Der Sog der Globalisierung der Wirtschaft führt zu einem enormen Kosten- und Preisdruck, und dies wiederum löst Strukturbereinigungen auch in der Schweiz aus. Viele Branchen haben zwar intakte Zukunftschancen, jedoch ohne grosse Zuwachsrate bei den Arbeitsplätzen.

Aus der Sicht des Stellensuchenden lohnt es sich, die von seiner Ausbildung und seinem Werdegang her in Frage kommenden Branchen auf Entwicklungstrends hin zu untersuchen und zu bewerten. Mit in die Beurteilung einzubeziehen sind auch Konjunkturschwankungen, die vielen Branchen zu schaffen machen.

■ **Branchen mit intakten Zukunftschancen**

| | |
|---|---|
| Abfallbewirtschaftung | Biotechnologie |
| Banken | Elektronik |
| Biologische Produkte | Energie-/Wasserversorgung |

## Nachfrageanalyse

Fachhochschulen
Gesundheitswesen, gesunde Ernährung, (Heim)Pflege
Grosshandel/Import
Kongresstourismus
Lebensmittelproduktion («food engineering»)
Marketing
Medien
Mess-, Regel- und Netzwerktechnik
Optik
Pharma
Private Dienstleistungen
Reinigung, Hygiene
Reparaturdienste, technischer Service
Robotik
Sicherheitsindustrie
Sport, Freizeit, Spiele
Telekommunikation
Umwelttechnologie
Unterrichtswesen
Versicherungen
Wirtschafts-, Steuer-, Rechtsberatung

■ **Konjunkturabhängige Branchen**

Agrochemie
Bauindustrie
Detailhandel
Druck- und Grafikbranche
Fotoindustrie
Gastgewerbe, Hotellerie
Getränke, Nahrungsmittel
Haushaltapparate
Immobilien
Kleider, Schuhe
Kosmetik
Kunststoffe
Maschinen-/Fahrzeugbau
Metallverarbeitung
Möbel
Non-Profit-Organisationen (von Spenden abhängig)
Papier/Papierwaren
Tourismus
Transportindustrie
Uhren-/Schmuckindustrie
Werbung

Jeder Stellensuchende kann diese Grobeinteilung in Branchen mit Zukunftschancen und Problembranchen aus seinem beruflichen Erfahrungsschatz heraus ergänzen und verfeinern.

Für die Zukunftschancen einer Unternehmung sind nicht ihre Grösse (Klein-, Mittel- oder Grossbetrieb), sondern folgende Kriterien entscheidend:

1. Überleben und wachsen wird, wer eine gesunde Finanzstruktur aufweist.

2. Massenproduktion wird in der Schweiz in Zukunft noch fragwürdiger, d.h. die Spezialisierung, welche schon in früheren Rezessionen

## Nachfrageanalyse

über das Schicksal vieler Unternehmungen entschied, gelangt zu höchster Bedeutung. Eine Spezialisierung kann auf verschiedene Arten erreicht werden:
- einige wenige Spezialprodukte, viele Teilmärkte (z. B. Spezialmessgeräte, weltweit vertrieben)
- viele Produkte, kleiner Markt (z. B. Generalvertretung eines ausländischen Grosskonzerns für die Schweiz)
- eine einzelne Produktegruppe für einen einzelnen Grossabnehmer (z. B. alle Messgeräte für einen bestimmten Grossverteiler)
- faktisches Handelsmonopol für einen Exportmarkt (z. B. Handel mit allen Schweizer Produkten in Vietnam)
- weltweite Lizenzvergabe für ein konkurrenzloses Produkt (z. B. Patente für technische Geräte mit Produktion im EU-Raum, in den USA und in Asien, bei kleiner Produktion in der Schweiz)
- u. a.

Natürlich beinhaltet auch die Spezialisierung grosse Risiken. So ist die Variante «viele Produkte/kleiner Markt» gefährdet, wenn in diesem Markt Konjunktureinbrüche, politische Wirren oder Finanzierungsprobleme auftreten. Die Variante «wenig Produkte/viele Märkte» ist durch neuauftretende Konkurrenz (Japan, Korea, Malaysia) gefährdet. Aber ganz lassen sich Risiken in einer freien Wirtschaft nicht ausschliessen.
Der Stellenbewerber muss sich in dieser Situation möglichst genau informieren. Hat er sich im ersten Schritt der Nachfrageanalyse für eine, zwei oder drei ihn interessierenden Branchen entschieden, ist es nur logisch, sich im nächsten Schritt über die innerhalb der Branche tätigen Firmen zu orientieren. Dabei müssen folgende Fragen beantwortet werden können:

1. Wie ist die Unternehmung finanziell strukturiert (Eigenkapital/Fremdkapital), und wie wird sie finanziell beurteilt?

2. Welche Produkte stellt die Unternehmung her, oder welche Produkte vertreibt sie? Wie werden die Zukunftschancen der Produkte dieser Firma beurteilt?

3. Welche Märkte (geografisch) werden bearbeitet, und welche Vertriebskanäle (Grosshandel, Versandhandel, Direktverkauf usw.) werden benutzt?

### Nachfrageanalyse

Niemand braucht sich dabei allzu sehr in eine komplizierte Bilanz- und Marktanalyse zu vertiefen, denn in jeder öffentlichen Bibliothek sind aktuelle Informationen erhältlich (Zeitschriften, Fachjournale, Nachschlagewerke u. a.). Sehr gute Informationen lassen sich auch über die Redaktionen und Archive der Tages- und Fachzeitungen anfordern (meist gratis!). Grössere Firmen schicken auf Anfrage gerne ihre Publikationen (Jahresberichte, Produkteprospekte). Auch Klein- und Mittelbetriebe werden auf Wunsch eines künftigen Bewerbers zumindest die Produkte und Dienstleistungen bekanntgeben.

> Es ist eigentlich seltsam, dass es bisher für einen Stellenbewerber nicht üblich war, sich ein bis zwei Tage dem Sammeln von Informationen über einen möglichen künftigen Arbeitgeber zu widmen, bei dem er einen Teil seines Lebens zu verbringen gedenkt!

Nachfrageanalyse

## 2.2 Bewertung einzelner Tätigkeiten innerhalb einer Firma

Generell ist zu sagen, dass Unternehmungen dazu tendieren, in guten Zeiten ihre Personalbestände mit Leuten zu bereichern, deren Tätigkeit für die Firma keinen direkten Nutzen bringt, d.h. Tätigkeiten, die zwar wünschbar sind, jedoch nicht unbedingt notwendig. Umgekehrt werden diese Stellen als erste in einer Rezession abgebaut, während z.B. der Verkauf als eigentlicher Ertragsbringer in der Rezession sofort eine kräftige Aufwertung erfährt.

Bei der Bewertung der Zukunftschancen von einzelnen Berufstätigkeiten können wir deshalb nach dem Schema «dringend notwendig/notwendig/wünschbar» vorgehen (vgl. Übersicht auf Seite 22).

Die Antworten auf die Frage «Kann die Unternehmung ohne diese Tätigkeiten existieren?» lauten:

| | |
|---|---|
| **Dringend notwendig** | Die Unternehmung kann ohne diese Tätigkeiten nicht existieren. Sie sind gesichert, solange die Unternehmung besteht. |
| **Notwendig** | Die Unternehmung kann ohne diese Tätigkeit nicht existieren, aber sie könnten zum Teil an auswärtige Servicefirmen übertragen werden (Fakturierung, Rechnungswesen, Lagerhaltung, Fremdproduktion, EDV). Bevor ein endgültiger Entscheid über die Weiterführung dieser Tätigkeit fällt, wird in vielen Fällen untersucht, ob diese Tätigkeit von auswärtigen Firmen nicht günstiger ausgeführt werden kann. Die Erfahrung zeigt jedoch, dass die Tätigkeiten der Gruppe «Notwendig» gesichert sind, da sie für die Unternehmung in der Regel im eigenen Betrieb günstiger als auswärts ausgeführt werden. |
| **Wünschbar** | Bei diesen Tätigkeiten wird in kritischen Zeiten zuerst der Rotstift angesetzt. In Zeiten der Hochkonjunktur werden teilweise Stäbe aufgebaut, die in erster Linie der Verringerung der zu versteuernden Gewinne dienen. Die Tätigkeiten dieser Gruppe sind sehr gefährdet. |

## Nachfrageanalyse

■ Haupttätigkeiten in einer grossen Unternehmung

| Dringend notwendig | Notwendig | Wünschbar |
|---|---|---|
| – Aussendienst/ Kundenbesucher<br>– Verkaufsorientierte Unternehmungsführung<br>– Kostensparende Produktions- oder Einkaufsleitung<br>– Finanzkontrolle<br>– Bestellwesen/ Telefonverkauf<br>– Lagerkontrolle<br>– Verkaufsadministration | – Fakturierung<br>– Lagerhaltung<br>– Produktion, sofern nicht auswärts günstiger produziert werden kann<br>– EDV, sofern nicht auswärts günstigere EDV-Arbeit geleistet wird<br>– Produkteforschung<br>– Internes Transportwesen, sofern die Lagerhaltung im Betrieb verbleibt<br>– Einkauf (Materialien oder Produkte)<br>– Marktforschung<br>– Werbung<br>– Rechnungswesen | – Organisation<br>– Stab Betriebswirtschaft<br>– Kantine<br>– Personalbetreuung/Personalbeschaffung<br>– Internes Informationswesen<br>– Betriebspsychologie<br>– Soziologie<br>– Interne Dienste (Portier, Gärtner, Chauffeur u. ä.)<br>– Ablage/ Dokumentation<br>– Interne Schulung<br>– Lehrlingswesen<br>– Public Relations<br>– Steuerwesen |

Nach diesem Schema hat der Stellenbewerber zu ermitteln, welche Tätigkeiten für ihn in Frage kommen. Zur Beurteilung der Zukunftsaussichten kann er sich dabei auf folgenden Grundsatz stützen:

«Was für meinen zukünftigen Arbeitgeber dringend notwendig ist, bedeutet für mich eine Chance zu Einstieg und Aufstieg!»

## Nachfrageanalyse

Die Überlegungen zur Nachfrageanalyse dienen letztlich zwei Zwecken:

1. Sie führen den Stellenbewerber zum richtigen Ausgangspunkt, nämlich zur zukunftsträchtigen Branche, Firma und Tätigkeit.
Dies ist von entscheidender Bedeutung. Was nützt ein gut gestaltetes Bewerbungsschreiben, wenn es an eine vor der Liquidation stehende Firma gerichtet ist oder in eine Branche gelangt, in welcher in den nächsten zwei Jahren 30 Prozent des Personals entlassen werden, oder wenn eine Tätigkeit angestrebt wird, welche bereits vom Rotstift der Unternehmungsführung geziert ist?

2. Durch eine umfassende Informationsbeschaffung über Branchen, Firmen und Tätigkeiten erhält der Stellenbewerber Kenntnisse, welche ihm bei einem späteren persönlichen Anstellungsgespräch von grossem Nutzen sind und ihm bereits einen Vorsprung vor seinen Mitbewerbern verschaffen. Es lohnt sich, mehr zu wissen als alle andern!

# 3 Angebotsanalyse

Grundsätzlich will jeder Mensch in seiner beruflichen Tätigkeit drei Ziele erreichen:

- Befriedigung bei der täglichen Berufsarbeit,
- ein möglichst hohes Einkommen aus der täglichen Berufsarbeit,
- ein möglichst hohes Ansehen durch die tägliche Berufsarbeit.

Wir stützen uns bei der persönlichen und beruflichen Situationsanalyse auf diese drei Pfeiler.

Wir fragen uns:
Wie bewerte ich meine bisherige schulische Ausbildung und meine Berufslaufbahn in bezug auf diese drei Pfeiler?

■ **Bewertungsschema**   6 = sehr gut   4 = befriedigend   3 = unbefriedigend
                         5 = gut                           2 = schwach

| Ausbildung/berufliche Tätigkeit | Befriedigung | Einkommen | Ansehen |
|---|---|---|---|
| Primar-/Sekundarschule | | | |
| Lehre | | | |
| Mittelschule/ höhere Berufsausbildung | | | |
| Universität | | | |
| 1. Arbeitsstelle | | | |
| 2. Arbeitsstelle | | | |
| usw. | | | |

## Angebotsanalyse

Eine gute Ausgangslage für die Stellensuche ergibt sich bei einer konstant hohen Bewertung oder einer konstant ansteigenden Bewertung.

Schlechtere Ausgangslagen zur Erreichung der vorerwähnten Ziele ergeben sich bei:

– ungleicher Bewertung, z.B. steigendes Einkommen, sinkende Befriedigung.
– Karrierebrüchen, z.B. dritte Stelle mit weniger Einkommen und Ansehen als zweite Stelle.
– Stagnation, z.B. ständig gleichbleibende mittlere oder niedrige Bewertungen trotz Stellenwechsel.
– Über-/Unterqualifikation für die Berufstätigkeit.

### Beispiele

*Beispiel A: Optimale Karriere*

| Dauer/Jahre | Ausbildung/Tätigkeit | Befriedigung (bzw. Aussichten) | Einkommen (bzw. Aussichten) | Ansehen (bzw. Aussichten) |
|---|---|---|---|---|
| 6½ | Mittelschule, Mat. B | 6 | – | 6 |
| 4 | Universität, Betriebswirtschaft | 6 | – | 6 |
| 2 | SOLO, Assistent Produktmanager | 4 | 4 | 4 |
| 3 | Amex, Regionalleiter Verkauf | 5 | 5 | 4 |
| 4 | Turnheer & Co. Marketingleiter | 6 | 6 | 5 |

## Angebotsanalyse

*Beispiel B: Karrierebruch*

| Dauer/Jahre | Ausbildung/Tätigkeit | Befriedigung | Einkommen | Ansehen |
|---|---|---|---|---|
| 9 | Primar-/Sekundarschule | 5 | – | – |
| 4 | Lehre Maschinenschlosser | 5 | – | 4 |
| 3 | Sulvet & Co., Werkstattmechaniker | 4 | 3 | 3 |
| 2 | MEMO AG, Vorarbeiter Mech. Werkstätte | 5 | 4 | 4 |
| ½ | Turina, Versicherungsvertreter | 2 | 5 | 3 |
| 2 | Bless & Co., Werkstattchef | 5 | 5 | 5 |

*Beispiel C: Frustration*

| Dauer/Jahre | Ausbildung/Tätigkeit | Befriedigung | Einkommen | Ansehen |
|---|---|---|---|---|
| 9 | Primar-/Sekundarschule | 4 | – | – |
| 3 | KV-Lehre, Mittelholzer | 5 | – | 4 |
| 2 | Amago & Co., Aussendienst | 2 | 5 | 4 |
| 3 | Selbe AG, Aussendienst | 3 | 6 | 4 |
| 3 | Wirt & Co., Regionalleiter Aussendienst | 2 | 5 | 5 |

Angebotsanalyse

## Beispiel D: Mangelndes Einkommen

| Dauer/ Jahre | Ausbildung/Tätigkeit | Befriedigung | Einkommen | Ansehen |
|---|---|---|---|---|
| 6½ | Mittelschule, Mat. B | 6 | – | 6 |
| 4 | Universität, lic. phil. I | 5 | – | 5 |
| 2½ | Kantonsschule O., Hilfslehrerin | 4 | 3 | 5 |
| 5 | Sozialpädagogisches Institut, Assistentin | 6 | 2 | 4 |

## Beispiel E: Mangelnde Zielsetzung

| Dauer/ Jahre | Ausbildung/Tätigkeit | Befriedigung | Einkommen | Ansehen |
|---|---|---|---|---|
| 9 | Primar-/Sekundarschule | 4 | – | – |
| 4 | Elex AG, Lehre Elektromechaniker | 4 | – | 4 |
| 2 | EPD, Entwicklungshelfer | 6 | 3 | 5 |
| 2 | Kantonale Verwaltung, Kantinenchef | 3 | 5 | 5 |
| 1 | Samen Hauser AG, Aussendienst | 2 | 5 | 4 |
| 1 | Scholl Co., Projektleiter | 5 | 4 | 5 |
| 1 | Domann & Cie., Betriebsleiter-Assistent | 3 | 3 | 5 |
| 1 | Domann & Cie., Personalchef-Assistent | 6 | 3 | 4 |

## Angebotsanalyse

### ■ Stärken- und Schwächenanalyse

Eine objektive, genaue Analyse der bisherigen Ausbildung und der bisherigen Berufstätigkeit zeigt sehr rasch die eigenen Stärken und Schwächen auf.

### Beispiele

*Fall 1:   Grosse Befriedigung/
          tiefes Einkommen/mittleres Ansehen*

Die Berufstätigkeit ist sehr auf eigene Vorlieben (z. B. Hobby als Beruf, soziale Berufung u. ä.) ausgerichtet. Dies muss nicht unbedingt als Nachteil angesehen werden, solange der Mangel an Einkommen nicht zu Frustration und persönlichen Krisen führt. Abhilfe: Wechsel zu einem anderen Arbeitgeber bei gleicher Tätigkeit und besserer Bezahlung, vielleicht Aufnahme einer lukrativen Nebenbeschäftigung.

*Fall 2:   Wenig Befriedigung/
          hohes Einkommen/mittleres Ansehen*

Die Berufstätigkeit ist zu sehr auf die Erzielung eines hohen Einkommens ausgerichtet. Diese Konstellation zeigt sich erfahrungsgemäss relativ häufig bei Verkaufsaussendienstpersonal. Langfristig gefährdet eine solche Stelle die berufliche Karriere, denn wer unbefriedigt ist, kann mit der Zeit auch keine guten Leistungen (Verkaufsumsatz!) mehr erbringen und verliert damit auch sein hohes Einkommen. Abhilfe: Ein Tätigkeitswechsel ist in den meisten Fällen angezeigt, wobei die Berufserfahrungen optimal weiter genutzt werden sollten. Eventuell Verbleib in bisheriger Tätigkeit bei Aufnahme eines Hobbys zum Ausgleich.

*Fall 3:   Hohe Befriedigung/
          tiefes Einkommen/hohes Ansehen*

In diesen Fällen handelt es sich meist um sogenannte Ehrenämter. Die Berufstätigkeit nützt vor allem den andern. Der Betroffene geniesst dafür als Ausgleich ein hohes Ansehen. In diesen Fällen ist kein Berufs- oder Tätigkeitswechsel notwendig, jedoch ein eingehendes Gespräch mit dem Arbeitgeber in bezug auf Einkommen und Aufstieg. Sofern dies nichts nützt, kann eine Verbesserung der finanziellen Situation beispielsweise durch eine Zweittätigkeit möglich sein.

Angebotsanalyse

## ■ Optimale Karriereplanung

| Alter | Ausbildung/Tätigkeit | Befriedigung/Anerkennung/Ansehen |
|---|---|---|
| 6–24 Jahre | Schule/Lehre/ Universität | – gute Schulresultate ohne grossen Stress<br>– hohe Einkommenserwartungen dank gezieltem Ausbildungsgang<br>– Ansehen durch richtige Wahl des Schultyps und der Fakultät |
| | **1. Stelle** | |
| 24–26 Jahre | Dauer 2–3 Jahre | – mittlere Befriedigung<br>– mittleres Einkommen<br>– tiefes Ansehen |
| | **2. Stelle** | |
| 26–30 Jahre | Dauer 3–4 Jahre | – hohe Befriedigung<br>– mittleres Einkommen<br>– mittleres Ansehen |
| | **3. Stelle** | |
| 30–35 Jahre | Dauer 4–5 Jahre | – hohe Befriedigung<br>– hohes Einkommen<br>– mittleres Ansehen |
| | **4. Stelle** | |
| ab 36 Jahren | Lebensaufgabe | – hohe Befriedigung<br>– hohes Einkommen<br>– hohes Ansehen |

Dieser Teil der Angebotsanalyse hilft uns, anhand der bisherigen beruflichen Entwicklung Ziele für unsere künftige Tätigkeit zu setzen. Die Angebotsanalyse zeigt uns unsere Stärken und Schwächen auf. Ein Stellenwechsel sollte die schwachen Punkte (z.B. Befriedigung) verbessern, ohne die starken Punkte (z.B. Einkommen) zu beeinträchtigen. Natürlich müssen dabei – wie wohl immer im Leben – Kompromisse geschlossen werden. Vor allem im zunehmend rauheren Wirtschaftsklima können nicht mehr alle Wunschvorstellungen verwirklicht werden. Dennoch hat es auch bei Stellenmangel keinen Sinn, einfach die erstbeste, einigermassen wirtschaftlich sichere Stellung anzunehmen. Nach späte-

## Angebotsanalyse

stens einigen Monaten wird sich der Bewerber unbefriedigt fühlen und sich wiederum am Stellenmarkt umsehen. Seine Bewerbung wird dann allerdings kritischer beurteilt, denn kurzfristige Stellenwechsel werden vom Arbeitgeber im allgemeinen negativ beurteilt. Es ist deshalb auch in Zeiten der Rezession wichtig, sich um Stellen zu bewerben, welche der eigenen Persönlichkeit im wesentlichen entsprechen.

In einem zweiten Teil der Angebotsanalyse sollte sich jeder Bewerber über sein Wissen und sein Können ein klares Bild erarbeiten. Folgende Punkte sind – am besten schriftlich – festzuhalten:

- *Wissens- und Ausbildungsstand*
  (Schulbildung, Berufsbildung, private und firmeninterne Weiterbildung)

- *Bisherige Berufspraxis: Schwerpunkte der beruflichen Tätigkeit*
  Dabei sind nicht die Funktionen, sondern der Inhalt der Tätigkeiten festzuhalten. Als Grundlage können Arbeitszeugnisse dienen; da diese aber oft nicht vollständig sind, ist auf das eigene Gedächtnis abzustützen.

Beispiele

### *Filialleiterin*

- Administrative Arbeiten:
  Abrechnung der Tageseinnahmen, Erstellen von Statistiken, Zahlungskontrolle der Kreditverkäufe, Korrespondenz mit Kunden
- Einkauf/Lagerbewirtschaftung:
  Vierteljährlicher Einkauf in Italien und Frankreich in Zusammenarbeit mit der Zentrale, Bestandeskontrolle, Inventaraufnahmen, Bestellungen bei der Zentrale
- Personalwesen:
  Selektion, Qualifikation, Schulung
- Gestaltung des Ladenlokals, Entwickeln von verkaufsfördernden Massnahmen
- Verkauf:
  Detailverkauf zusammen mit drei Mitarbeitern und Mitarbeiterinnen, Behandlung von Reklamationen

Angebotsanalyse

> **Sachbearbeiter Verkauf**
>
> - Telefonischer Kundenkontakt
> - Erstellen von Offerten
> - Korrespondenz selbständig in Deutsch und Französisch
> - Lehrlingsbetreuung
> - Ablage
> - Mitarbeit bei der Organisation von firmeninternen Verkaufstrainings für Aussendienstmitarbeiter

- *Persönliche Fähigkeiten, die bisher in der Praxis angewendet werden konnten,* wie z. B.

  | | |
  |---|---|
  | Organisationstalent | Problemlösungsfähigkeit |
  | Selbständigkeit | Durchsetzungsvermögen |
  | Verhandlungsgeschick | Ausdauer |
  | Teamfähigkeit | |

- *Weitere Kenntnisse und Erfahrungen aus Hobbys oder Nebenbeschäftigungen*

  Es gilt auch zu überlegen, wie dieses Wissen und Können belegt werden kann (Zeugnisse, Beispiele mit Prospekten, Arbeitsproben usw.)

In einem weiteren Schritt ist diese Bestandesaufnahme

- dem Anforderungsprofil von Stellenangeboten und
- der persönlichen Zielsetzung (vgl. auch Kapitel 4.1)

gegenüberzustellen. Weist die Bestandesaufnahme gegenüber diesen beiden Punkten Lücken auf, ist abzuklären, ob eine Weiterbildung notwendig und möglich ist. Andernfalls müssten die Pläne überarbeitet werden.

# 4 Zielsetzung und Massnahmenplanung

## 4.1 Zielsetzung

Aufgrund der Nachfrage- und der Angebotsanalyse formulieren wir jetzt das Ziel unserer Stellensuche. Dieses Ziel umfasst die Branche, die Art der Firma, die Tätigkeit sowie die Wünsche an die neue Stelle in bezug auf Befriedigung, Einkommen und soziales Ansehen.

### Beispiel 1: *Journalist*

Ich will als Lokalredaktor einer bekannten, finanziell gut fundierten Lokalzeitung in der Region Ostschweiz-Mittelland tätig sein. Die Zeitung soll ohne Bindung an eine Partei politisch die bürgerlich-liberale Linie vertreten. Die Redaktion soll klein sein (2 bis 3 Personen) und mir die Möglichkeit bieten, innerhalb von fünf Jahren die Chefredaktion übernehmen zu können. Die typografische Gestaltung und der Druck des Blattes sollen zeitgemäss und Umgestaltungen aufgrund von Redaktionsvorschlägen sollen möglich sein. Als Anfangsgehalt strebe ich 80 000 Franken pro Jahr zuzüglich Spesenentschädigung an.

### Beispiel 2: *Kreditsachbearbeiterin*

Ich will als Kreditsachbearbeiterin im Range einer Handlungsbevollmächtigten auf einer kleineren Filiale einer Grossbank oder Kantonalbank in der Region Aarau-Olten-Luzern tätig sein. Ich strebe ein Jahresanfangssalär von 90 000 Franken (brutto) an.

### Beispiel 3: *Verkäuferin Damenmode*

Ich möchte als 1. oder 2. Verkäuferin in einem Filialgeschäft im Rayon Damenmode tätig sein. Am liebsten würde ich in der Stadt Basel, evtl. in der Agglomeration, arbeiten. Ein Anfangslohn von 3500 Franken würde mich befriedigen.

Zielsetzung und Massnahmenplanung

## 4.2 Massnahmenplanung

Bei der Planung der notwendigen Massnahmen für die Stellensuche müssen wir vorerst unterscheiden:

1. *Generalisten (oder Allrounder)* sind Stellensuchende, die eine breite Tätigkeit (z. B. Administration, technische Leitung) für eine grosse Anzahl möglicher Arbeitgeber ausführen könnten.
2. *Spezialisten* sind Stellensuchende, die eine spezialisierte bis hochspezialisierte Tätigkeit (z. B. biologische Forschung, Flugzeugmechanik) für eine begrenzte bis sehr kleine Anzahl möglicher Arbeitgeber ausführen könnten.

■ **Vor- und Nachteile des Stellenmarktes für Generalisten**

*Vorteile:* Breites Angebot an Stellen, interessante Karrieremöglichkeiten, fast «unbegrenzte» Auswahl.

*Nachteile:* Schwierig zu bearbeitender, kaum überblickbarer Stellenmarkt. Harte Konkurrenz durch Generalisten mit Spezialistenkenntnissen, d. h. Stellenbewerber, welche bereits in sehr ähnlicher Funktion tätig sind.

■ **Vor- und Nachteile des Stellenmarktes für Spezialisten**

*Vorteile:* Begrenztes Angebot, deshalb überblickbarer Stellenmarkt. Persönliche Beziehungen können optimal eingesetzt werden. Wenige Mitbewerber mit gleichen Spezialkenntnissen.

*Nachteile:* Rasch erschöpftes Stellenangebot. Referenzen können sich sehr negativ auswirken. Der Spezialist ist rasch gezwungen, sich in seiner Stellensuche zu «diversifizieren», d. h. Ausweitungen zu suchen.

> **«Diversifikation» in der Stellensuche** (Ausweitung)
> Vor allem für ältere, «überqualifizierte» und spezialisierte Stellensuchende besteht die Gefahr, dass bei den möglichen Arbeitgebern zu einem bestimmten Zeitpunkt keine geeignete Stelle frei ist.
> In einem solchen Falle sollte man die Stellensuche nicht aufgeben, sondern das Finden der Idealstelle auf einen späteren Zeitpunkt anstreben und in der Zwischenzeit andere Möglichkeiten prüfen:

## Zielsetzung und Massnahmenplanung

- **Örtliche Veränderungen:** Andere inländische Regionen, evtl. Ausland, in die Stellensuche einbeziehen.
- **Vertikale Veränderungen:** Vielleicht hat man sich bisher für die falsche innerbetriebliche Stufe beworben, z. B. Prokurist statt Sachbearbeiter oder Vizedirektor.
- **Horizontale Veränderung:** Stellensuche in verwandten Branchen, bei welchen die bisherigen oder früheren Tätigkeiten noch teilweise genutzt werden können.
- **Umschulung, Weiterbildung:** Überprüfung der jetzigen Berufskenntnisse und marktgerechte Verbesserung (z. B. Aneignung von PC-Anwenderkenntnissen) durch Umschulung und/oder Weiterbildung.
- **Art des Arbeitsvertrages:** In verschiedenen Branchen (z. B. Bauingenieure) werden heute befristete Arbeitsverträge für ein bestimmtes Projekt gegenüber dem traditionellen Arbeitsvertrag von den anstellenden Firmen bevorzugt. Ältere Bewerber sollten evtl. von sich aus den Unternehmen Beraterverträge für bestimmte Arbeiten anbieten. Damit steigen die Chancen einer Mitarbeit ganz erheblich. Auch vom Stellensuchenden wird heute unternehmerisches Denken erwartet!
- **Neben- und Teilzeitbeschäftigungen:** Während der «Wartezeit» kann ein Bewerber ohne weiteres Neben- oder Teilzeitbeschäftigungen aufnehmen, nur sollte dabei das Ziel der weiteren Suche nach der Idealstelle nicht verlorengehen.
- **Temporärarbeiten:** Eine besonders raffinierte Art der Diversifikation ist die Anstellung als Temporärarbeiter bei einer für eine zukünftige Anstellung in Frage kommenden Firma. Durch diese Temporärarbeit ist man bereits in der Firma drin und hat damit eine gute Ausgangslage für eine definitive Anstellung.
- **Berufliche Selbständigkeit:** Wer in seiner bisherigen beruflichen Laufbahn bewiesen hat, dass er erfolgreich ist und gute Leistungen erbringen kann, sollte vor jeder Stellensuche auch die Möglichkeit der beruflichen Selbständigkeit prüfen. Natürlich sind nicht alle Tätigkeiten gleich gut geeignet für die berufliche Selbständigkeit, doch mit ein wenig Mut und Risikofreudigkeit ist vieles machbar.

## Zielsetzung und Massnahmenplanung

■ **Für den Generalisten eignen sich bei der Stellensuche folgende Massnahmen nach Prioritäten**

1. Nutzung des eigenen Beziehungsnetzes (sehr wichtig!)
2. Bearbeitung der Angebote in den Tages- und Wochenzeitungen und Zeitschriften
3. Vermittlungsauftrag an Personalberater (vor allem bei Kaderstellen)
4. Aufgabe eigener Stelleninserate in den Tages- und Wochenzeitungen
5. Stellenangebote der Regionalen Arbeitsvermittlungszentren (RAV)

■ **Für den Spezialisten eignen sich dagegen folgende Massnahmen nach Prioritäten**

1. Nutzung des eigenen Beziehungsnetzes (ausserordentlich wichtig!)
2. Bearbeitung der Stelleninserate in den Fachzeitungen und Fachzeitschriften
3. Aufgabe eigener Stelleninserate in den Fachzeitungen und Fachzeitschriften
4. Persönliche Kontaktbesuche bei potentiellen Arbeitgebern am Firmenstandort, auf Fachmessen und an Fachseminaren
5. Vermittlungsauftrag an einen spezialisierten Personalberater

Neben diesen eher konventionellen Massnahmen für die Stellensuche eignen sich natürlich auch viele originelle Ideen, welche auf den Stellenbewerber aufmerksam machen: einige davon seien hier ungeordnet aufgeführt:

– *Public-Relations-Aktionen* in den Medien (Presse, Lokalradio), z.B. Porträt eines Stellensuchenden.

– *Prospektverteilung* in die Briefkästen von Firmen mit dem Porträt des Bewerbers und dem Hinweis, dass er für ein erstes Kontaktgespräch dankt.

– *Grossplakate* (z.B. B 12) mit einem Porträt und Kurztext, z.B. «Ich bin Ihr neuer Aussendienstmitarbeiter, Telefon 333 12 66».

## Zielsetzung und Massnahmenplanung

- *Kleininserate im lokalen Gratisanzeiger* mit interessantem Text: «Mit 55 schon beim ‹alten Eisen›? Nein, denn aktuelles Know-how ist nicht altersabhängig! Lassen Sie sich überzeugen.»
- *Sandwichmann:* Tafeln mit dem Arbeitsangebot (eher geeignet für junge Bewerber).
- *Flugblattaktionen* (Porträt, Prospekt) an den Eingängen von Shopping-Centern und autofreien Einkaufszonen mit dem Hinweis auf die Stellensuche.
- *Kinodias* (Porträt): Text z.B. «Kennt Ihr einen alten Herrn, welcher einen guten Mitarbeiter braucht? Sagt ihm, dass ich der Richtige für ihn bin. Unterlagen an der Kinokasse.»
- *Telefonaktion:* gut eingeübte Telefonaktion bei Unternehmungen mit dem Ziel, erste Kontaktgespräche zu erreichen.
- usw.

Derartige Ideen gibt es noch weitere. Überlegen Sie sich, was Sie alles tun würden, um eine günstige, schön gelegene Wohnung mieten zu können. Die gleichen Ideen können auch für die Stellensuche nützlich sein!
Wichtig ist dabei, dass die Ideen sympathisch und ansprechend sind (nicht aggressiv) und dass interessierte Personen auf möglichst einfache Art mit Ihnen in Kontakt treten können.

## 5 Technische Massnahmen bei der Stellensuche

### 5.1 Die Technik der Stellensuche

Die Massnahmenplanung hat uns mögliche Wege der Stellensuche aufgezeigt. Im folgenden wollen wir uns mit den technischen Details der Suche befassen.

#### 5.1.1 Inserate – Stellenangebote

In der Schweiz bilden die Inseratseiten der Zeitungen, Zeitschriften und Fachjournale noch immer den wichtigsten Angebotsträger. Dies gilt insbesondere für Büroberufe, mittlere bis höhere technische Funktionen und Spezialisten. Der Stellenbewerber sollte ein möglichst umfassendes Angebot von Stellen zusammentragen:

- **Geografisch:**
  Nicht nur gerade die Blätter der eigenen Region beachten, sondern alle wichtigen Inseratträger, z.B. der deutschen Schweiz, der Ostschweiz, des Mittellandes. Der Bewerber muss bereit sein, mobil zu werden, z.B. eine Stelle in Bern anzunehmen, obwohl er noch in Zürich wohnt.

- **Vertikal:**
  Alle Zeitungen, Zeitschriften, Fachjournale intensiv nach einem der Zielsetzung am besten entsprechenden Stellenangebot durchsuchen.

- **Horizontal:**
  Die wichtigsten Zeitungen, Zeitschriften, Fachjournale auf die der Zielsetzung nahekommenden Stellenangebote untersuchen.

## Technische Massnahmen
### Technik der Stellensuche

Das weitere Vorgehen ist danach gegeben:

- Inserat ausschneiden und in Sichtmappe «Bewerbung A» legen.
- Da Inserate meistens eine schriftliche Bewerbung verlangen, wird diese erstellt und deren Kopie mit der Kopie des Begleitschreibens ebenfalls in die Sichtmappe «Bewerbung A» gelegt.
- Alle bereits beschafften und noch zu beschaffenden Informationen über die angeschriebene Firma werden ebenfalls in die Sichtmappe «Bewerbung A» gelegt. Damit ist diese Sichtmappe die vollständige Unterlage für das spätere persönliche Vorstellungsgespräch.

Es lohnt sich, diese Arbeiten systematisch und gut organisiert durchzuführen, damit alle Vorteile vom Bewerber im persönlichen Vorstellungsgespräch richtig genutzt werden können.

### 5.1.2  Inserate – Stellengesuche

Die Inseratenspalte «Stellengesuche» war in den letzten dreissig Jahren verschwindend klein im Vergleich zur Sparte «Stellenangebote». Meist handelte es sich um höhere Funktionen, die gesucht wurden mit z. T. utopischen Vorstellungen. Von den Personalchefs wurden diese Inserate deshalb eher kritisch überflogen. Dies kann sich in einem zukünftigen Stellenmarkt durchaus ändern.
Wieso soll eine Firma gutes Geld für Personalinserate ausgeben, wenn mehr und mehr qualifizierte Bewerber ihre Dienste durch ein eigenes Inserat anbieten? Vor allem für mittlere Kaderstellen, EDV-Stellen, Handwerksmeister u. ä. wird sich das Stellengesuch-Inserat durchsetzen. Als Inseratträger für Stellengesuche eignen sich vor allem die Fachjournale (Fachzeitschriften, Verbandsorgane u. ä.), denn diese werden von allen Kaderleuten in einem Betrieb turnusgemäss durchgelesen. Die Chance, «entdeckt» zu werden, ist deshalb grösser als bei Tageszeitungen. Auch sind die Inserattarife nicht so hoch wie bei den wichtigen Tageszeitungen. Eine gute Sammlung aller Fachorgane bildet der grüne Katalog (Werbemittelverzeichnis), welcher bei jeder Inseratagentur eingesehen werden kann. Dabei kann auch gleich das Inserat ohne zusätzliche Kosten in Auftrag gegeben werden, und die allenfalls notwendige Beratung wird vom Insertionsfachmann geleistet.

## 5.1.3 Stellenvermittler

In Zeiten eines Überangebotes an Stellenbewerbern haben auch die Personalvermittler eine wichtige Aufgabe zu erfüllen. Allerdings verändert sich ihre Aufgabe.

■ **Städtische und kantonale Arbeitsämter**

*Tätigkeit bisher:* Sie haben bereits eine grosse Bedeutung in der Stellenvermittlung.

*Tätigkeit neu:* Durch die Einführung von Regionalen Arbeitsvermittlungsstellen (RAV) in der ganzen Schweiz werden arbeitslos gemeldete Stellensuchende von einem Fachberater unterstützt. Dazu gehört eine Information über die Arbeitslosenversicherung. Falls nötig, werden Weiterbildungsmassnahmen, Bewerbungs- sowie persönlichkeitsorientierte Kurse angeboten und finanziert, um optimale Voraussetzungen für einen Wiedereinstieg ins Erwerbsleben sicherzustellen.

■ **Stellenvermittlung der Branchenverbände**

*Tätigkeit bisher:* Sie hatten ein grosse Bedeutung vor allem für jüngere Fachkräfte und für gut ausgebildete Spezialisten.

*Tätigkeit neu:* Ihre Bedeutung steigt noch weiter. Die Arbeitslosenversicherung schreibt z.T. die Anmeldung bei diesen Stellenvermittlungen vor. In der Regel arbeiten sie für den Bewerber kostenlos.

■ **Personalvermittler Typ «Headhunter»**
(Personalvermittler für Top-Kaderstellen)

*Tätigkeit bisher:* Sie suchen sich geeignete Bewerber direkt in der Wirtschaft aus und versuchen, diese durch grosszügige Angebote zum Auftraggeber hinüberzulocken (ohne Inserate, nur aufgrund von Hintergrundinformationen).

Technische Massnahmen

Technik der Stellensuche

*Tätigkeit neu:* Ihre Tätigkeit ändert sich nicht, da Spitzenkräfte zu allen Zeiten rar sind.

■ **Personalberater**

*Tätigkeit bisher:* Sie suchen auf dem Inseratenweg Bewerber und selektionieren diese für den Auftraggeber. Sie sind im allgemeinen für den Auftraggeber eher zu teuer.

*Tätigkeit neu:* Personalberater sind in Zeiten des Personalmangels sehr erfolgreich.

### 5.1.4 Rundschreiben an zielgerichtete Firmenadressen

Das Mittel des Firmenrundschreibens ist in der Schweiz noch kaum bekannt und hat für den Bewerber den Vorteil der Originalität (vielleicht aber den Nachteil des Exzentrischen!). Der Bewerber hebt sich von der Masse ab und ist deshalb interessant.

Das persönliche Rundschreiben basiert als Werbemittel auf der Tatsache, dass ein Grossteil aller Stellen nicht ausgeschrieben wird. Es ist deshalb für einen Bewerber vielfach notwendig und erfolgversprechend, sich generell anzubieten und dabei von möglichen Zufallslücken oder noch nicht erfolgten Ausschreibungen zu profitieren.

Das persönliche Rundschreiben ist eigentlich eine Mischung aus Lebenslauf und Begleitschreiben. Um wirksam zu sein, sollte es an mindestens 50, noch besser aber an 100 Personalchefs grösserer und mittlerer Unternehmen versandt werden. Die Erstellung der persönlichen Schreiben ist heute mit PC organisatorisch (Servicebüros) und finanziell kein Problem. Auch die Adressen und Anreden werden nach Listen direkt eingesetzt, so dass das Schreiben nicht wie eine Drucksache wirkt. Die Beschaffung der Adressen erfolgt entweder über Dritte (Adressenverleih, Adressbüros) oder nach eigenen Unterlagen (Firmenverzeichnisse, Verbands-Mitgliederlisten, Telefonbücher, Branchenkataloge, Kompass der Wirtschaft u. a. m.).

Angaben über den Inhalt des Rundschreibens und Beispiele finden Sie auf Seite 78 ff.

### 5.1.5 Persönliche Kontakte, Networking

Nach wie vor werden sehr viele Stellen «unter der Hand» an Freunde, Bekannte und Verwandte vermittelt. Dieser Weg lässt sich nicht systematisch erfassen, denn er ist ausserordentlich vielschichtig. Das einfachste Rezept für Stellensuchende auf diesem Weg ist, möglichst viele Freunde, Bekannte und Verwandte zu haben und diese auch wissen zu lassen, dass man sich auf Stellensuche befindet. Alles andere wird sich dann finden, sofern man etwas Glück hat.

Mögliche Kontaktpersonen, die weiterhelfen könnten:
- Bekannte
- Freunde
- Studienkollegen
- Geschäftsfreunde
- ehemalige Arbeitskollegen und Vorgesetzte
- Geschäftspartner
- Leiter von Instituten
- Steuerberater
- Anwälte
- leitende Personen aus Verbänden
- Mitglieder von Fachgremien
- Bekannte aus Militär und Zivilschutz
- Politiker
- Hochschullehrer
- Mitglieder in Vereinen, Klubs
- u. a. m.

Technische Massnahmen

Schriftliche Bewerbung

## 5.2 Die schriftliche Bewerbung

In den meisten Stellenangeboten wird vom Bewerber eine schriftliche Bewerbung verlangt. Nur gerade bei Hilfstätigkeiten, Teilzeitstellen oder Kurzzeitbeschäftigungen ist im allgemeinen keine schriftliche Bewerbung nötig. Hier genügt oft eine telefonische Bewerbung, bei welcher die wichtigsten Punkte geklärt und bei Interesse ein Vorstellungstermin vereinbart werden. In solchen Situationen ist es aber hilfreich, zum Gespräch einen Lebenslauf mit den Zeugniskopien mitzubringen.

Die schriftliche Bewerbung dient dem Personalchef zur Vorselektionierung der Bewerber. Diese Unterlagen geben ihm einen ersten, sehr wichtigen Eindruck von den Bewerbern. Dieser Eindruck ist subjektiv, denn der Bewerber hat keine Möglichkeit, durch seine Persönlichkeit das Urteil positiv zu beeinflussen.

Zu vollständigen Bewerbungsunterlagen gehören:

- kurzes Begleitschreiben
- tabellarischer Lebenslauf (evtl. mit Foto)
- vollständige Zeugniskopien (Zeugnisse von Arbeitgebern, Aus- und Weiterbildung)

Weiter Unterlagen wie Handschriftprobe, Arbeitsproben sind nur auf Wunsch beizulegen.

### 5.2.1 Der schriftliche Lebenslauf

Ein inhaltlich und gestalterisch optimal verfasster Lebenslauf ist von grösster Bedeutung. Er ist einer der Hauptbestandteile einer erfolgreichen Bewerbung.
Es gibt verschiedene Arten von schriftlichen Lebensläufen (vgl. Beispiele Seite 49ff.):

- Kurzlebenslauf
- Funktioneller Lebenslauf
- Leistungsaufstellung
- Ausführlicher Lebenslauf
- Ausführlicher Lebenslauf mit Kurzfassung

Technische Massnahmen
Schriftliche Bewerbung

## ■ Grundsätze

1. Der schriftliche Lebenslauf bildet einen sehr wichtigen Teil der Stellenbewerbung.
2. Der schriftliche Lebenslauf bezweckt, den Weg zum persönlichen Vorstellungsinterview zu ebnen.
3. Der schriftliche Lebenslauf informiert über alle wesentlichen Karriereaspekte des Bewerbers.

Warum sollten Sie überhaupt einen schriftlichen Lebenslauf versenden?

– Der schriftliche Lebenslauf formt den **Inhalt einer Werbekampagne** für die eigene Persönlichkeit.
– Er dient auch als **Test über den Marktwert** der eigenen Persönlichkeit.
– Er bildet eine Art **Selbstkontrolle,** indem bei seiner Aufstellung alle Karriereschritte logisch analysiert werden müssen.

Wichtige Punkte gibt es beim Abfassen des schriftlichen Lebenslaufes zu beachten:

– Die **Sprache** muss stimmen. Nicht nur von der Orthografie und Grammatik, sondern auch vom Stil her.
– Die **Länge** sollte dem Stil der Bewerbung angepasst sein. Es kann keine generelle Richtlinie darüber verfasst werden. Manchmal ist kürzer besser als länger, aber kürzer will gelernt sein.

Folgende **Fehler** kommen beim Abfassen des schriftlichen Lebenslaufes häufig vor:

– **Blosse Aufzählung** von bisherigen Stellen
– **Keine Zielsetzung** erkenntlich
– **Kein Leistungsausweis** aufgeführt
– **Ungeeignete Zielsetzungen** angegeben
– **Wichtige Aspekte** der Tätigkeiten und der Verantwortung ausgelassen
– **Unvollständige zeitliche Aufstellung** über beruflichen Werdegang, bisherige Stellen u. a. m.

## Technische Massnahmen

### Schriftliche Bewerbung

- **Unvollständige persönliche Daten**
- **Schlechte Foto** in der Beilage

Welche Fakten können im Lebenslauf ohne Nachteile ausgelassen werden?

- Das **Erstellungsdatum** kann auf dem schriftlichen Lebenslauf weggelassen werden, damit er während einiger Zeit verwendet werden kann.
- **Religion und politische Tendenzen** können im allgemeinen weggelassen werden, wenn es sich nicht um eine Tätigkeit handelt, bei welcher diese Aspekte wichtig sind.
- Generell können **nebensächliche negative Aspekte** der eigenen Karriere weggelassen werden.
- **Saläransprüche** sollten nur auf Verlangen aufgeführt werden (dagegen kann auf Fragebogen das bisherige Salär angegeben werden).
- **Detaillierte Referenzangaben** können unterbleiben, weil der Kontakt mit Referenzpersonen erst nach dem Vorstellungsgespräch erfolgen sollte. Auch ist es nicht angenehm für Referenzpersonen, wenn sie ständig, schon im Frühstadium einer Bewerbung, angegangen werden.

Welche Fakten müssen im schriftlichen Lebenslauf **unbedingt aufgeführt** sein:

- **Name, Vorname, Adresse, Telefonnummer** (Privat, evtl. Geschäft)
- **Schulischer Werdegang / Aus- und Weiterbildung**
  Interessant sind vor allem Abschlüsse, Lehrgänge, Kurse und Seminare, die für die neue Stelle von Bedeutung sind oder in den letzten Jahren besucht wurden, PC-Erfahrung.
  (Abschlussnoten dann angeben, wenn die Ausbildung lediglich kurze Zeit zurückliegt und die Noten gut bis sehr gut sind.)
- **Beruflicher Werdegang**
  Informationen ausrichten auf das Ziel – die gewünschte Stelle: Arbeitgeber mit Anstellungsdauer (Jahreszahlen von ... bis) und Namen angeben (Ausnahme die aktuelle Stelle bei ungekündigtem Arbeitsverhältnis), Funktionen und Stichworte zur beruflichen Tätigkeit. Chronologische Aufstellung erleichtert das Lesen. Reifere Bewerber

## Technische Massnahmen
### Schriftliche Bewerbung

achten darauf, dass diese Aufstellung gut lesbar ist, d.h. möglicherweise erste Anstellungen zusammenfassen und v.a. die letzten Jahre detaillierter darstellen, um die neusten Erfahrungen positiv hervorzuheben. Die bisherigen Stellen können, falls es von Vorteil ist, chronologisch rückwärts aufgeführt werden.

- **Persönliche Daten**
 Geburtsdatum, Zivilstand, Kinder, Möglichkeit zum Ortswechsel für einen neuen Arbeitsplatz

Bei folgenden Fakten entscheidet sich der Bewerber für das Aufführen oder Weglassen: Ist die Information für den künftigen Arbeitgeber nützlich, wichtig, sinnvoll, wird sie festgehalten.

- **Wichtige Nebenpunkte** (Militär/ZS, Hobbys, Arbeiten zum öffentlichen Wohl, Verbände/Vereine, Ämter, Projekte/Publikationen [Übersicht, zum Gespräch mitnehmen])
- **Gutes Foto** (professionell hergestellt, keine Privataufnahme)
- **Zielsetzung der eigenen Karriere** (wenn abgestimmt auf das Aufgabengebiet der neuen Stelle)
- **Bürgerort, Nationalität** (Falls für die Anstellung Arbeitsbewilligungen nötig sind, z.B. Jahresaufenthaltsbewilligungen, ist dies unbedingt spätestens im Vorstellungsgespräch mitzuteilen), **Konfession**
- **spezielle Fahrbewilligungen**
- **Gründe des (jetzigen) Stellenwechsels** (z.B. Umstrukturierungsmassnahmen, Stellenangebot mit mehr Verantwortung)

Für das Erstellen eines verkaufswirksamen Lebenslaufes sind Vorbereitungen nötig:

- Alle notwendigen Informationen werden gesammelt, geordnet und gewichtet.
- Die geeignete Art des Lebenslaufes wird gewählt.
- Der Lebenslauf wird erstellt.

Das Sammeln, Ordnen und Gewichten der Informationen setzt folgende Vorarbeiten voraus:

- Persönliche Daten (Adresse, Telefonnummer u.ä.) erfasst
- Zielsetzung provisorisch aufgesetzt

47

## Technische Massnahmen

### Schriftliche Bewerbung

- Notwendige Qualifikationen für die in der Zielsetzung erwähnte Anstellung aufgelistet
- Bisherige Anstellungsverhältnisse, Tätigkeiten auf die Qualitätsanforderungen ausgerichtet
- Alle weiteren Nebeninformationen festgehalten

Auch Nebensächlichkeiten sind beim Erstellen eines verkaufswirksamen Lebenslaufes wichtig:

- Sauberes Papier
- Fehlerfreies Maschinenschreiben
- Übersichtliche Darstellung
- Begleitschreiben mit Handschrift (sofern leserlich!) oder mit Schreibmaschinenschrift
- Richtige Anschrift (Name, Titel u. ä.)
- Umfang und Stil des Begleitschreibens überprüfen, Begleitschreiben zuerst als Entwurf abfassen, nachher nochmals schreiben (vgl. nachfolgende Muster)

Es folgen einige Beispiele von gut redigierten schriftlichen Lebensläufen.

# Kurzlebenslauf
## Beispiel A

**KURZLEBENSLAUF**

**Persönliche Daten**

| | |
|---|---|
| Name, Vorname | Schmied Fritz |
| Adresse | Kübelacker 10, 8600 Dübendorf |
| Telefon P | 01 ... ... .. |
| Geburtsdatum | 31. August 1968 |
| Zivilstand | ledig |

**Aus- und Weiterbildung**

| | |
|---|---|
| 1975 - 1984 | Primar- und Sekundarschule in Winterthur |
| 1984 - 1988 | Gewerbeschule Winterthur, Lehrabschluss als Elektromechaniker |
| 1993 - 1996 | Technikum Rapperswil SG, Abschluss als dipl. El. Ing. HTL (Durchschnittsnote 5.0) |

**Berufliche Tätigkeit**

| | |
|---|---|
| 1984 - 1988 | Fimaton AG, Effretikon<br>Lehre als Elektromechaniker |
| 1989 - 1993 | Fimaton AG, Effretikon<br>Abt. Kabel<br><br>Einstieg als Mechaniker, nach zwei Jahren Beförderung zum Gruppenleiter mit folgenden Hauptaufgaben:<br>- AVOR<br>- Ausbildung von zwei Lehrlingen<br>- QS-Verantwortlicher für die Gruppe<br>- Mitarbeit bei der Zertifizierung |
| 1993 - 1996 | PTT Rapperswil<br>Abendhilfsarbeit zur Finanzierung des Studiums |

**Sprachen**

Deutsch, gute Englischkenntnisse

# Kurzlebenslauf
## Beispiel B

**KURZLEBENSLAUF**

| | |
|---|---|
| **Persönliche Daten** | Hans Simmen<br>Jakobsweg 32<br>8500 Frauenfeld<br><br>Tel. G 071 ... .. .. / Tel. P 052 ... .. ..<br><br>geb. 1973, unverheiratet |
| **Zielsetzung** | Praktische Berufsvorbereitung für das<br>Internationale Finanzmanagement<br>(Controlling, Auditing) |
| **Qualifikationen** | Kaufmännischer Lehrabschluss<br>Durchschnittsnote 5,1<br>(Buchhaltung 6,0, Kaufm. Rechnen 6,0)<br><br>Vierjährige Tätigkeit als Debitorenbuchhalter bei<br>Firma Schneebeli, Weinfelden, zur vollen Zufrieden-<br>heit des Arbeitgebers<br>(Referenzen erhältlich) |

**Schulischer und beruflicher Werdegang**

| | |
|---|---|
| 1992 - heute | Debitorenbuchhalter Firma Schneebeli, Weinfelden:<br>Debitorenüberwachung mit Inkasso, Buchungen mit<br>moderner Software, Monatsaufstellungen |
| 1988 - 1991 | Kaufmännische Lehre bei Firma Turs & Co., Thundorf TG<br>Besuch der kaufm. Berufsschule in Frauenfeld |
| 1991 Frühling | Ecole commerciale, Le Landeron NE<br>(Dreimonats-Kurs französische Sprache) |
| 1985 - 1988 | Sekundarschule in Elgg |
| 1979 - 1985 | Primarschule in Elgg ZH |

**Weitere Angaben zur Person**

Militär: Soldat Mit Inf
Hobby: Squash

# Lebenslauf
## Beispiel C

Grande Angela
Technikumstr. 25
8400 Winterthur

Tel. 052 ... .. ..

## LEBENSLAUF

| | |
|---|---|
| **Persönliche Daten** | geb. 25.8.1959 |
| | verheiratet, 1 Tochter |
| | Italienische Staatsbürgerin |
| | In der Schweiz aufgewachsen |
| | Niederlassungsbewilligung C |

**Besuchte Schulen und Kurse**

| | |
|---|---|
| 1965 - 1971 | Primarschule in Winterthur (die ersten zwei Jahre an der Italienischen Schule) |
| 1971 - 1974 | Oberschule in Winterthur |
| 1974 - 1975 | Obligatorischer Hauswirtschaftsunterricht an der Frauenfachschule, Winterthur |
| 1978 | Schreibmaschinen-Kurs beim Kaufmännischen Verband, Zürich |
| 1978 - 1982 | Französisch-Kurs (Konversation) bei der Klubschule Migros, Zürich |

**Berufliche Tätigkeit als Verkäuferin**

| | |
|---|---|
| 1975 - 1977 | Anlehre als Verkäuferin bei Bossard, Herren- und Damenmode, Winterthur (Ausbildung im Verkauf und in Schaufensterdekoration) |
| 1978 - 1981 | Boutique Au Grenier, Zürich |
| 1981 - 1982 | Boutique Grieder, Zürich |
| 1983 - 1987 | Boutique La Boite, Winterthur (Teilzeit) |
| **Sprachen** | Deutsch und Italienisch Französischkenntnisse vor allem für Verkauf und Mode |
| **Wiedereinstieg** | Da das Alter meiner Tochter (10 Jahre) mir eine Tätigkeit ausser Haus erlaubt, möchte ich den geliebten Beruf der Modeverkäuferin wieder aufnehmen. |

# Kurzlebenslauf
## Beispiel D

```
Hans Oberhänsli
Birmensdorferstr. 85
8904 Aesch b. Birmensdorf

Tel. 01 ... .. ..
```

### K U R Z L E B E N S L A U F

| | |
|---|---|
| **Persönliche Daten** | geb. 25.10.1944<br>verwitwet, 2 erwachsene Kinder |
| **Besuchte Schulen** | |
| 1950 - 1958 | Primarschule und Sekundarschule im Kanton Zug |
| 1960 - 1963 | Gewerbeschule im Kanton Zug, Lehrabschluss als Zimmermann (Kantonales Diplom) |
| **Berufliche Tätigkeit** | |
| 1958 - 1960 | Arbeit im elterlichen Bauernbetrieb |
| 1960 - 1973 | Lehre und anschliessend Tätigkeit als Zimmermann bei der Firma Gebr. Amstutz AG, Baar |
| 1973 - 1981 | Zimmermannpolier bei der Firma Maag, Dietikon |
| 1981 - 1991 | A. Brunners Erben, Zürich<br>Einsatz vor allem als Zimmermann, Bauschreiner,<br>Schaler, Polier (bis max. 15 Mitarbeiter)<br><br>Berufsaufgabe infolge Unfall (heute wieder voll arbeitsfähig) |
| 1992 - heute | Magaziner in einem Baugeschäft auf dem Platz Zürich |
| **Sprachen** | Italienischkenntnisse mündlich |
| **Hobbys** | Reiten, Kochen |

# Kurzlebenslauf
## Beispiel E

### KURZLEBENSLAUF

| | |
|---|---|
| Persönliche Daten | Angelika Dupont-Diethlem |
| | Baarerstr. 45, 6300 Zug |
| | geb. 25.9.1959, verheiratet |
| | Bürgerin von Stäfa ZH |
| | Tel. 042 ... .. .. |

**Beruflicher und schulischer Werdegang**

| | |
|---|---|
| 1985 - heute | Büroangestellte bei Marbach AG für Rohr-Reinigung, Zug |
| | (Telefonbedienung, Verarbeiten der Monteur berichte, Führen der Provisionskartei) |
| 1981 - 1984 | Büroangestellte bei der Adressen- und Werbezentrale Zürich |
| | (Alphabetisierung und Feinverteilung von Mutationsmeldungen, telefonische Kundenbestellungen, Korrespondenz) |
| 1979 - 1980 | Büroangestellte bei der Schweiz. Bankgesellschaft, Zürich Abteilung Zahlungskorrespondenz (SFr.) |
| | Grundkurs Bankgeschäft bei der SBG |
| 1976 - 1979 | Lehre als Pelznäherin |
| | 6 Jahre Primar- und 3 Jahre Sekundarschule |
| Sprachen | Deutsch (Muttersprache) |
| | Französisch- und Italienischkenntnisse mündlich |
| Fahrausweis | Kategorie B (PW) |
| Hobby | Pflanzen züchten |

# Lebenslauf
## Beispiel F

Hans Meier
Guggackerstr. 25
8307 Effretikon

Tel. 052 ... .. ..

L E B E N S L A U F

| | |
|---|---|
| **Persönliche Daten** | geb. 24.4.1949<br>verheiratet, 2 Kinder |
| **Besuchte Schulen** | 6 Jahre Primarschule in Aadorf<br>2 Jahre Realschule in Effretikon |

**Berufliche Tätigkeit**

| | |
|---|---|
| 1963 - 1968 | Bürgler AG, Effretikon<br>Laufbursche in der Werkstatt, später<br>Mitarbeiter in der Fassonierabteilung<br>(Speditionsarbeiten) |
| 1969 - 1972 | Brauerei Hürlimann, Zürich<br>Hilfsarbeiter im Flaschengeschäft |
| 1973 | Zürcher Freilager AG, Zürich<br>Magazinarbeiter |
| 1973 - 1978 | Schweiz. Kreditanstalt, Zürich<br>Abt. Zahlungsverkehr Schweizer Franken<br>Mitarbeiter für Sortierarbeiten in der<br>Gruppe Spedition/Fichenverwaltung |
| 1978 - 1995 | Schweiz. Volksbank Zürich<br>Mitarbeiter der börseninternen Hauspost<br>(v.a. Postverteilung, Kurierdienst,<br>Bedienung der Rohrpostanlage, allg.<br>Speditionsarbeiten) |
| 1995 - heute | über meine jetzige Tätigkeit orientiere<br>ich Sie im persönlichen Gespräch |
| **Zivilschutz** | Rechnungsführer |

# Kurzlebenslauf
## Beispiel G

**KURZLEBENSLAUF**

**Persönliche Daten**

| | |
|---|---|
| Name, Vorname | Weber Lucretia Maria |
| Adresse | Unterfeldstrasse 7c, 8580 Amriswil |
| Telefon | 071 ... ... .. |
| Geburtsdatum | 9. Dezember 1955 |
| Zivilstand | geschieden (kinderlos) |

**Aus- und Weiterbildung**

| | |
|---|---|
| 1964 - 1973 | Primar- und Sekundarschule |
| 1973 - 1976 | Handelsschule des KV Zürich mit Abschlussprüfung |
| | Verschiedene Verkaufs- und Marketingkurse |
| 1990 | Abschluss als eidg. dipl. Verkaufsleiterin (SAWI) |
| 1992 - 1995 | Schweizerische Kurse für Unternehmungsführung (HSG/BWI) |

**Berufliche Tätigkeit**

| | |
|---|---|
| 1976 - 1979 | H. Goldschmidt AG, Versandhaus, Zürich |
| | Telefonverkauf, Fakturawesen, Kunden- und Lieferantenkorrespondenz |
| 1980 - 1987 | East-West Handels-AG, Zürich |
| | Assistentin des Marketing- und Exportdirektors (Exportsachbearbeiterin mit Handlungsvollmacht) Führen des Exportbüros, Marktforschungsaufgaben, Planung und Durchführung von Verkaufsaktionen, Erstellen des Verkaufs- und Aufwandbudgets, Mitarbeit bei der Erstellung von Marketingkonzepten |
| 1988 - heute | Handelsfirma für Silberwaren & Bijouterie in der Nordostschweiz |
| | Verkaufsleiterin Schweiz, Deutschland und Österreich (Mitglied der Geschäftsleitung) |

**Sprachen**  Deutsch, Englisch und Französisch (verhandlungsgewohnt)

# Chronologischer Lebenslauf
## Beispiel A

Anna Salm
Rosenbergstrasse 32
9000 St. Gallen

Tel. P 071 ... ... ..
Tel. G  01 ... ... ..

**LEBENSLAUF**

**Zielsetzung**          Chef-(Direktions-)Sekretärin auf Stufe General-
                         direktion in Grossunternehmen der Dienstleistungs-
                         branche

**Diplome**              eidg. dipl. Direktionsassistentin, Abschluss-
                         note 4,9

**Persönliche Daten**    Geburtsjahr 1961, unverheiratet,
                         interessiert an moderner Malerei, Schauspiel,
                         Reiten

**Beruflicher Werdegang**
**1987 - heute**         VALI Lebensversicherungsgesellschaft AG,
                         Zürich: Direktionssekretärin, Vorgesetzter stell-
                         vertretender Direktor Marketing Generalagenten
                         Schweiz.
                         **Verantwortungen:**
                         Gesamtverantwortung und Ausführung Abteilungs-Sekretariat
                         (2 Sekretärinnen), Terminplanung, Produktions-(Verkaufs-)
                         Ueberwachung, Verkaufsstatistiken, Korrespondenz General-
                         agenten, Provisions-Abrechnungen (Zahlenmaterial RW)
                         erstellt und kontrolliert, ständiger persönlicher Kontakt zu
                         Generalagenten.

                         **Resultate:**
                         Fehlerlose Verkaufs- und Produktionsstatistiken.
                         Erstmalig keinerlei rechnerische Auseinandersetzungen
                         mit Generalagenten. Erfolgreiche Einführung von
                         PC-Textverarbeitung (3 Stationen vernetzt) für das
                         gesamte Abteilungs-Sekretariat (260 Normbriefe), Aus-
                         bildung von 2 Sekretärinnen zu selbständig arbeitenden
                         Sachbearbeiterinnen, Entlastung des Vorgesetzten für
                         reine Planungs- und innovative Aufgaben.

**1980 - 1987**  Contour Financing AG, Zürich:
stellvertretende Direktionssekretärin, Vorgesetzter
Prokurist/Chef International Corporate Finance.

**Verantwortung:**
Selbständig und nach Diktat erstellte Korrespondenz
mit Kundenfirmen. Bedarfsanalysen und -aufstellungen.
Monatliche Anlageziele - Soll/Ist-Vergleiche.

**Resultat:**
Verbesserung Genauigkeit und Pünktlichkeit bei Korrespondenz und Statistiken.

**1976 - 1980**  79/80 Firma Haltner und Partner, Rechtsanwälte:
Sekretärin Juniorpartner Anwaltssozietät,
sämtliche Rechtskorrespondenz, Klageschriften,
Zivilprozesse u.ä.

76/79 Kaufmännische Lehre in Anwaltspraxis:
sämtliche kaufmännische Arbeiten inkl.
Buchhaltung.

## Chronologischer Lebenslauf
### Beispiel B

Alfred Tschanz, dipl. Ing. ETH
Birnenweg 12
4600 Olten

Tel. P 062 ... .. ..
Tel. G 062 ... .. ..

**KURZLEBENSLAUF**

**Zielsetzung**      Bauingenieur mit Führungsverantwortung
                     in mittlerem Ingenieurbüro

**Beruflicher Werdegang**

**1987 - heute**     Pozzi & Schmid, Ingenieurbüro, Olten
Verantwortung        Ständige Bauleitungen für Grossprojekte (vorwiegend
                     Industriebauten, Bauten der öffentlichen Hand)
                     inkl. Terminverantwortung
                     Bürochef Zeichnerbüro (bis zu 4 Angestellte)
                     Beratender Ingenieur im Kundenauftrag
                     P + L Verantwortung für zugeteilte Projekte

Resultat             Seit 1987 sämtliche Baubudgets eingehalten,
                     11 Grossprojekt-Bauleitungen erfolgreich abgewickelt.
                     Arbeitsplanung Zeichnerbüro verbessert, Umstellung
                     auf CAD (Einsparung 2 Mitarbeiter)

**1986**             Kurze Anstellung als Versicherungsberater nach
                     Schliessung des Büros des bisherigen Arbeitgebers
                     aus wirtschaftlichen Gründen

**1982 - 1986**      Tunich & Füsschen, dipl. Ing. Zürich
Verantwortung        Junior-Bauingenieur im Ingenieurbüro mit Personal-
                     bestand 6 Ingenieure, sämtliche Berufsaufgaben,
                     Statik, Berechnungen, erste Bauleitungen

Resultat             Aufgrund des Leistungsausweises nach 3jähriger Tätigkeit
                     zum Chef Zweigbüro Olten (2 Angestellte) befördert.
                     Kurz danach wurde dieses Büro wegen der schlechten Bau-
                     konjunktur geschlossen.

**Ausbildung**

| | |
|---|---|
| 1978 - 1972 | ETH Zürich, Abschluss als Bauingenieur |
| 1972 - 1977 | Kantonsschule Winterthur, Matura C |
| 1969 - 1972 | Sekundarschule Winterthur |
| 1963 - 1969 | Primarschule Winterthur |

**Hobby/Freizeit**

Präsident Handballclub Olten seit 1995
Kochen, Fischen, Sauna, Handball

**Persönliche Daten**

geb. 30.6.1957
verheiratet, 2 Kinder
gute Gesundheit
Ortswechsel möglich

# Funktionsbezogener Lebenslauf

## Beispiel A

Dr. Andres Bühler
Traubenweg 116
3072 Ostermundigen

Tel. P 031 ... ... ..
Tel. G  01 ... ... ..
E-Mail: bühler@inm.ch

### LEBENSLAUF

**Zielsetzung**  Gesamtleitung einer nationalen Depeschenagentur

**Funktionsbezogene Qualifikationen**

Ausweis über alle Sparten des Zeitungs- und Zeitschriftenjournalismus.
Journalismus von der Pike auf in den verschiedensten Arten von Redaktionen.
Kenntnis in Tages-, Fach- und Wochenpresse.

**Leitungsfunktion**  Chefredakteur einer wöchentlich erscheinenden Frauenzeitschrift
Planung und Koordination, Terminkontrolle, Leitung des Redaktionsteams

**Resultat**
Auflagensteigerung von durchschnittlich 2½ % während der letzten drei Jahre

**Tagespresse**  Lokaljournalist für eine grosse schweizerische Tageszeitung (Auflage 230'000), Mitarbeit im Team von 4 Lokaljournalisten

**Resultat**
Erhöhung des Anteils der lokalen Nachrichten um 15 % innert 4 Jahren, Aufstieg zum zeichnenden Redaktor innert 2 Jahren

**Fachpresse**  Alleinredaktor einer Fachzeitschrift (Auflage 12'000 Exemplare) im Gastgewerbe, offizielles Verbandsorgan. Ausführung sämtlicher journalistischer Eigenartikel. Bereitstellung von Fremdartikeln, Verhandlung mit PR-Agenturen und Interessenten betr. Aufnahme von PR-Artikeln, Abschlussredaktion, Kontrolle Layout.

**Resultat**
Verbesserung des Images des Fachblattes (Umfrageresultat: innert 4 Jahren lesen 12 % mehr Fachleute das Blatt), Steigerung des Inseratenvolumens um 16 % innert 4 Jahren.

./2

| | |
|---|---|
| **Anstellungs-verhältnisse** | 1991 - heute<br>„Adeline"-Verlag, Zeitschrift für die moderne Frau, Zürich, Chefredaktor |
| | 1986 - 1990<br>„Der Gastwirt", Luzern, offizielles Organ des SVGG, Alleinredaktor |
| | 1980 - 1986<br>„Tages-Kurier", Zürich<br>82 - 86 Lokalredaktor<br>80 - 82 Volontär |
| **Ausbildung** | Lizentiat, Phil. I, Universität Zürich 1978<br>Doktorat, Universität Zürich „Die Schweizerische Tagespresse nach der Landung der Alliierten in Frankreich 1944/45"<br>Maturität B, Kantonsschule Freudenberg, Zürich |
| **Ämter** | Mitglied der Schulpflege Ostermundigen seit 1991 |
| **Verbände/Vereine** | Mitglied VJJ |
| **Hobbys** | Mitglied einer Laienthatergruppe<br>Wandern, Tennis |
| **Persönliche Daten** | geb. 11.12.1954<br>verheiratet mit Sabine, geb. Jegen<br>zwei Kinder (Tobias 11 Jahre, Renate 5 Jahre) |

Referenzen und Zeugnisse auf Wunsch gerne zur Vorlage.

# Funktionsbezogener Lebenslauf
## Beispiel B

Selma Brandenberger, Rychenbergstrasse 82, 8006 Zürich
Tel. G 01 .. .. .. / Tel. P 01 .. .. ..

**STELLENBEWERBUNG**

| | |
|---|---|
| Zielsetzung | Abteilungsleiterin in einer Einkaufsgenossenschaft des schweizerischen Schuhhandels |
| Generelle Qualifikation | Führungserfahrung in allen Teilbereichen des Detail-Schuhhandels |
| Führungserfahrung | Gesamtleitung (zusammen mit Bruder) des Familiengeschäftes mit 3 Filialen in Zürich. Gesamtverantwortung für die Damenabteilung:<br>- Personalwesen<br>- Einkauf<br>- Marketing/Werbung<br><br>**Resultat:**<br>Umgestaltung des traditionellen Familiengeschäftes in moderne kosten- und gewinnbewusste Verkaufseinheiten. Jährliche Umsatzsteigerung um durchschnittlich 3,5 %. |
| Marketing | Vollkonzeption für den Verkauf Damenschuhe (inkl. Teenager). Durchsetzung im Einkauf, bei der Präsentation, in der Werbung, Schaufenster. Konstante Personalschulung im Rahmen der Vollkonzeption.<br><br>**Resultat:**<br>Anteil Bruttoumsatz Damenschuhe 1990: 55 %<br>Anteil Bruttoumsatz Damenschuhe 1995: 62 % |
| Personalwesen | Personalplanung, Personalinserate, Einstellungsinterviews, Kontrolle Lohn-/Stundenabrechnungen, Qualifikationsgespräche, Entlassungen, rollende monatliche Budgetüberwachung Soll/Ist.<br><br>**Resultat:**<br>Senkung der Personalkosten von 17 % vom Bruttoumsatz auf 15,2 % trotz Geschäftsumstellungen und intensiven Verkaufsförderungs-Anstrengungen. |

./2

| | |
|---|---|
| **Einkauf** | Gesamteinkauf Damenschuhe, vor allem im Rahmen Angebot EBU, Besuch von Messen: Kornwestheim und Düsseldorf, Mailand.<br><br>**Resultat:**<br>Verminderung Lagerrückstände nach Saison von 8,3 % auf 7,1 % des Bruttoeinkaufes. |

**Grund für den angestrebten Stellenwechsel**

Nach langjähriger, erfolgreicher Tätigkeit im Familienbetrieb habe ich die Ambition, in neuer, anspruchsvoller Umgebung eine Herausforderung gemäss Zielsetzung zu finden.

**Anstellungsverhältnisse**

| | |
|---|---|
| 1982 - 1985 | Brandenberger & Co., Zürich<br>Einkaufsassistentin<br>(Aufgabe der Berufstätigkeit wegen Familiengründung) |
| 1989 - heute | Brandenberger & Co., Zürich<br>Leiterin der Abt. Damenschuhe, Gesamtleitung des Unternehmens in Personalunion mit Bruder |

**Berufliche Lehrgänge**

| | |
|---|---|
| 1982 | Verona, Amalitispa (3 Monate) |
| 1983 | Paris, Confleurs (1 Monat) |
| 1984 | Kornwestheim, Salamander (3 Monate) |

**Ausbildung**

| | |
|---|---|
| 1969 - 1975 | Primarschule, Zürich |
| 1975 - 1982 | Kant. Gymnasium, Zürich, Matura B |

| | |
|---|---|
| **Persönliche Daten** | geb. 29.9.1963, geschieden<br>1 Kind (Urs, geb. 1986, bei mir lebend)<br>Ortswechsel problemlos möglich. |

Alle Referenzen und Zeugnisse vorliegend.

# Lebenslauf – Funktion/Anstellungsverhältnis

## Beispiel A

Anton Wiederkehr
Schulstrasse 15
8472 Seuzach

Tel. P 052 ... .. ..

**A L L E I N K O C H**

**Zielsetzung**  Alleinkoch in einem Speiserestaurant mit hohem Niveau

**Zusammenfassung - Qualifikationen**

Erfahrung in sämtlichen Sparten einer modernen Küche; erfolgreiche berufliche Tätigkeit als Chef de brigade grösserer Hotelbetriebe (Entremetier, Garde-manger).

**Beruflicher Werdegang**

1987 - heute   Sous-chef bei Swissair-Catering, Flughafen Kloten, Vorgesetzter von fünf Köchen und drei Lehrlingen.
Einsatz der Gruppe vor allem in kalter Küche und Mise en place (Ablaufprogramm).

**Grund für Stellenwechsel**

Die Arbeit des vorgesetzten Koches in einer modernen Grossküche ist heute sehr schematisch geworden und lässt wenig Raum für die eigentliche Berufsarbeit. Da ich jedoch Koch geworden bin, weil ich die Vielseitigkeit dieses Berufes schätze, möchte ich von der administrativen Seite weg und wieder zur Küche hin. Als Alleinkoch in einem kleineren Speiserestaurant mit hohem Niveau kann ich beruflich beste Arbeit leisten und persönliche Befriedigung finden.

1984 - 1987   Küchenchef (Küchenpersonal 3) im Speiserestaurant „Farmer", Adlikon ZH, Menu- und A-la-carte-Küche, gut bürgerlich, täglich 130 Essen.

| | |
|---|---|
| 1982 - 1984 (Winter) | Saison-Hotel Arosa-Kulm, Chef de brigade (Garde-manger). |
| 1982 - 1984 (Sommer) | Saison-Restaurant „Fährli", Weggis LU. Alleinkoch in sehr gutem Spezialitäten-restaurant. |
| 1979 - 1982 | Commis (alle Sparten), Hotel-Restaurant „Sternen", Schaffishaus BE. |
| 1976 - 1979 | Kochlehre, Bahnhofbuffet Altstätten SG. |

Alle Referenzen vorhanden.

**Persönliche Daten**   geb. 16. November 1961
geschieden (kinderlos)
Militär: Kpl Küchenchef, Mot Inf Kp 106/I.

## Lebenslauf – Funktion/Anstellungsverhältnis

## Beispiel B

Brigitta Krienberger
im Gfenn 16
8604 Volketswil

Tel. P 01 ... .. ..
Tel. G ... ... .. ..

**MUSEUMSASSISTENTIN**

Zielsetzung         Assistentin des Direktors einer grösseren
                    öffentlichen Sammlung

**Zusammenfassung der Qualifikationen**

Breiter Fächer praktischer Berufserfahrung in den Bereichen Museumsadministration, Gestaltung, Sammlungszielsetzung und -planung, Gesamtausdruck, PR/Zeitungsarbeit. Theoretische Grundlagen für grosses Allgemeinspektrum mit Spezialisierung europäischer Malerei 19. Jahrhundert.

**Berufliche Erfahrungen**

1990 - heute        Assistentin des Direktors eines Museums in der
                    Nordostschweiz

Administration      Ueberwachung, Durchführung, Rationalisierung
                    der Administration.
                    Jahresbudgets (kant. + städt. Behörden)
                    seit 1992 selbständig ausgearbeitet.

Sammlung            Zusammen mit Vorgesetztem gesamte Sammlungen
                    modernisiert, nach neuesten Erkenntnissen
                    publikumswirksam ausgestellt.
                    Optimale Verwendung der Gebäude und der
                    Licht-/Farbverhältnisse angestrebt.

                    **Resultat:** Gesamtzahl Eintritte 1991 - 1995
                    um 15 % erhöht (vgl. Presseberichte).

1986 - 1990         Museumsangestellte,
                    Sammlung W. Fritsche, Luzern.
                    Mitarbeit bei der Umwandlung der Privatsammlung
                    W. Fritsche in die städtische Sammlung „Am Buel".
                    Katalogbearbeitung, Gestaltung, Konzeptionen,
                    praktische Hilfe beim Umbau.

                    **Resultat:** Vgl. beiliegende Presseberichte 1986/1989

./2

**Ausbildung**

**1981 - 1986**         Universität Zürich, lic. phil. I
                        Kunstgeschichte

**1974 - 1981**         Gymnasium Winterthur, Matura B

**1981/82**             Städtische Kunstsammlung Nürnberg,
                        Volontariat

**Sprachen**            Deutsch
                        sehr gute Französisch-, Italienisch-
                        und Englischkenntnisse

**Militär**             MFD Hauptmann

**Persönliche Daten**   geb. 6.10.1964
                        unverheiratet,
                        beste Gesundheit

Technische Massnahmen

**Schriftliche Bewerbung**

## 5.2.2 Das Bewerbungsschreiben

Manche Bewerber betrachten den Lebenslauf als den wichtigsten Teil der Bewerbung. Sie beschränken sich deshalb nur zu oft auf ein kurzes und nichtssagendes Begleitschreiben und verpassen damit die Chance, in einem inhaltlich geschickt aufgebauten und sprachlich überzeugend formulierten Bewerbungsschreiben für sich zu werben und zu erklären, welche besonderen Kenntnisse und Eigenschaften sie zur Erfüllung der gestellten Aufgaben mitbringen. Der Lebenslauf kann nur insofern für Sie werben, als er ausser den Personalien eine Aufstellung der besuchten Schulen und der innegehabten Stellen enthält und demzufolge unter anderem daraus ersichtlich ist, dass Sie einen Ausbildungskurs für Verkaufsleiter erfolgreich bestanden haben und Sie nun in der Kosmos-Feldstecherfabrik als Verkaufsleiter wirken. Warum Sie jedoch für die Watt-Elektromotorenfabrik der richtige Mann sind und warum Sie Elektromotoren ebenso erfolgreich wie Feldstecher verkaufen können, das müssen Sie im Bewerbungsschreiben erklären und begründen.

Im Bewerbungsschreiben werben Sie also für sich selbst und stellen Ihr Licht nicht unter, sondern auf den Scheffel, damit Ihr Korrespondenzpartner zu erkennen vermag, was Sie ihm bieten können. Das Wort *werben* stammt aus dem althochdeutschen *hwerban* und bedeutet «sich drehen, bewegen, sich umtun, bemühen». Als ein Bemühen um die gewünschte Stelle ist denn auch Ihre Bewerbung zu verstehen. Damit sie auch ankommt, ist folgendes zu berücksichtigen:

- Halten Sie sich an die kaufmännischen Gepflogenheiten. Benützen Sie für Ihre Bewerbung einen A4-Briefbogen, und halten Sie sich an die im kaufmännischen Briefverkehr übliche Darstellungsart.
- Bauen Sie Ihre Bewerbung folgerichtig auf. Gliedern Sie den Brief in Abschnitte, damit er übersichtlich und gut lesbar ist.
- Verzichten Sie auf inhaltsleere Phrasen und abgedroschene Redewendungen, die Sie zwangsläufig zum Ewiggestrigen stempeln. Zeigen Sie durch eine klare und frische Sprache, dass Sie Ihre Gedanken verständlich und zeitgemäss in Worte zu fassen verstehen.
- Halten Sie sich an die Tatsachen. Verzichten Sie auf Übertreibungen. «Perfekt» in Französisch, Englisch oder in Buchhaltung ist wahrscheinlich niemand; warum sollten den ausgerechnet Sie es sein? Wenn Sie Ihrem zukünftigen Arbeitgeber ehrlich sagen: *Meine Fran-*

## Technische Massnahmen
### Schriftliche Bewerbung

*zösischkenntnisse vermochten bisher unsere Kunden in der Westschweiz von Wert und Nützlichkeit unserer Produkte zu überzeugen»*, dann kann er damit mehr anfangen.

– Verzichten Sie auf ausgefallene Aufmachungen. Ein «Bewerbungsalbum», das im Format aus dem Rahmen fällt, landet oft ungewollt allein aus Platzgründen im «Abseits». Streben Sie danach, durch die Qualität Ihres Leistungsangebotes und nicht durch das Format Ihrer Bewerbung aufzufallen.

– Unterschlagen Sie nichts, was für den Arbeitgeber wissenswert ist, schreiben Sie aber auch nicht mehr als notwendig. Auch bei Bewerbungen gilt: «In der Kürze liegt die Würze.» Wer Wesentliches kurz und präzis sagen kann, fällt in unserer geschwätzigen Zeit angenehm auf.

# Bewerbungsschreiben

## Beispiel A

Hans Imhof
Seestrasse 238
8800 Thalwil

Tel. 01 ... ...  Thalwil, 20. Mai 19..


CFT International AG
Personalabteilung
Zugerstrasse 68
6000 Luzern


**Stellenbewerbung als Verkaufsingenieur Europa**

Sehr geehrte Damen und Herren

Ihr Inserat in der „NZZ" vom 18. Mai 19.. hat mein Interesse geweckt. Der aktive Verkauf war bereits Bestandteil in meiner bisherigen Laufbahn.

Die angebotene Stellung fordert mich heraus, meine schulisch erarbeiteten und in der Praxis bewährten Kenntnisse des Managements, der Führung und Ausbildung auszuweiten und zu vertiefen. Zielorientiertes Arbeiten in einer mehrsprachigen Projektgruppe (D, F, E) gehört ebenso in mein Repertoire wie Eingehen auf Kundenbedürfnisse, schnelles Skizzieren und Kalkulieren mit meinem Lap Top. Als international gewandter Kommunikator sehe ich mich als idealen Kandidaten.

Wann darf ich Sie davon überzeugen?

Mit freundlichen Grüssen


Tabellarischer Lebenslauf

# Bewerbungsschreiben

## Beispiel B

Peter Zimmermann
Wülflingerstrasse 25
8400 Winterthur

Tel 052 ... .. ..                    Winterthur, 25.Januar 19..


                                     Baugeschäft
                                     Oberwinterthur AG
                                     Herrn P. Meierhofer
                                     Dorfstrasse 33
                                     8404 Winterthur


Sehr geehrter Herr Meierhofer

Von einem Schützenkameraden, Herrn Beat Beyeler, habe ich
erfahren, dass Sie auf dieses Frühjahr noch verschiedene
Berufsleute suchen.

Seit meiner Lehre als Schreiner arbeite ich in der gleichen
Firma, vorwiegend im Bereich Ladenbau. Ich suche nun eine neue
Stelle in einem grösseren Betrieb, wo ich meine erworbenen
Kenntnisse in verschiedenen Gebieten anwenden kann und eventuell
auch gewisse Entwicklungsmöglichkeiten bestehen. Aufgrund der
Ausführungen von Herrn Beyeler bin ich sicher, dass dies in
Ihrem Baugeschäft möglich ist.

Ich gestatte mir deshalb, Ihnen in der Beilage meine Bewerbungsunterlagen zuzustellen. Ich werde Sie Ende der nächsten Woche
anrufen. Vielleicht können wir verschiedene Details bereits am
Telefon klären und auch einen Termin für ein persönliches
Gespräch vereinbaren. Für Ihre Aufmerksamkeit danke ich Ihnen.


                                     Mit freundlichen Grüssen



Lebenslauf
Lehrabschlusszeugnis
Zwischenzeugnis Firma Ott

# Bewerbungsschreiben

## Beispiel C

Daniel Nünlist
Neerenacker 101
4600 Olten

Olten, 20. August 19..

Gothab & Co. AG
Personalabteilung
Postfach 341
8038 Zürich

Sehr geehrte Damen und Herren

Sie suchen in Ihrem Inserat in der „NZZ" vom 18. August 19.. den „Leiter Verkaufsadministration". Als Beilage erhalten Sie meine Bewerbungsunterlagen.

Seit fünf Jahren arbeite ich in der Verkaufsadministrationsabteilung (Export) einer grossen schweizerischen Maschinenfabrik. Aufgrund meiner dort gesammelten Erfahrungen bin ich überzeugt, den Anforderungen, die an den Leiter der Verkaufsadministration gestellt werden, gerecht zu werden. Ausserdem kann ich auf eine breite kaufmännische Ausbildung zurückgreifen.

Ich bin bereit, neue und anspruchsvolle Aufgaben anzupacken, und bin jetzt schon gespannt auf Ihre Antwort.

Mit freundlichen Grüssen

Kurzer Lebenslauf
Zeugniskopien

# Bewerbungsschreiben
## Beispiel D

Claudia Caflisch
Churfirstenstr. 85
7000 Chur

Chur, 25. April 19..

Schweizerische Bankgesellschaft
Herrn P. Müller
Postfach
7002 Chur

**STELLENBEWERBUNG**

Sehr geehrter Herr Müller

Die im „Bündner Tagblatt" von heute ausgeschriebene Stelle als Sachbearbeiterin/Kassierin interessiert mich sehr.

Wie Sie dem beigelegten Lebenslauf entnehmen können, habe ich eine Banklehre abgeschlossen und anschliessend meine Sprachkenntnisse vertieft (Auslandaufenthalte in England und Italien). Ich suche jetzt eine Dauerstelle, wo ich mich beruflich entwickeln und meine Erfahrungen vertiefen kann. Insbesondere die internen Weiterbildungs- und allfälligen Aufstiegsmöglichkeiten sprechen mich an, da der Beruf der „Bänklerin" mich nicht nur fasziniert, sondern mir auch ausserordentlich gut liegt.

Gern stehe ich Ihnen für ein persönliches Gespräch zur Verfügung und freue mich auf Ihren Anruf zur Vereinbarung eines Besprechungstermins.

Mit freundlichen Grüssen

Lebenslauf
Lehrabschlusszeugnis

## Bewerbungsschreiben

### Beispiel E

```
Maria Kuriger
Munotstrasse 5
8200 Schaffhausen

Tel. 052 ... .. ..           Schaffhausen, 15. Juni 19..



                             Chiffre 235
                             Schaffhauser Nachrichten
                             Postfach
                             8201 Schaffhausen



S T E L L E N B E W E R B U N G


  Sehr geehrte Damen und Herren

Mit Ihrem Inserat von heute suchen Sie eine Verkäuferin für Ihr
Lebensmittelgeschäft.

Darf ich mir kurz vorstellen: ich bin 19jährig und habe nach der
obligatorischen Schulzeit ein Haushaltungslehrjahr im Welschland
absolviert. Dieses Frühjahr habe ich meine Lehre als Verkäuferin
beim Coop Schaffhausen abgeschlossen. Ich schätze den persönli-
chen Kontakt mit Kundinnen und suche deshalb eine Stelle in
einem kleineren bis mittleren Betrieb.

Gerne würde ich mehr über Ihr Geschäft erfahren und freue mich
auf Ihre Nachricht.

                                        Mit freundlichen Grüssen
```

# Bewerbungsschreiben

**Stelle nicht ausgeschrieben, persönlicher Kontakt**  Beispiel F

Walter Peters, Ing. ETH
Blaserstrasse 9a
8303 Bassersdorf

Bassersdorf, 10. Mai 19..

Riniker AG
Metallwarenfabrik
Herrn W. Dinkelacker
Personalchef
Grosse Fuhrel 10
5734 Reinach AG

Sehr geehrter Herr Dinkelacker

Sie hatten die Freundlichkeit, mich in unserem Telefongespräch vom 9. Mai auf die Möglichkeit einer Anstellung als leitender Ingenieur in der Abteilung Heizung/Klimatechnik aufmerksam zu machen. Dafür danke ich Ihnen.

Ich befinde mich in einem ungekündigten Arbeitsverhältnis, und ich dachte auch nicht an einen Stellenwechsel. Die von Ihnen genannten Aufgaben sind für mich eine berufliche Herausforderung, die mich so reizt, dass ich Ihnen als Beilage meinen Lebenslauf und drei Arbeitszeugnisse sende. Ich bin überzeugt, dass meine bisherige Tätigkeit mir die erfolgreiche Erfüllung der Anforderungen ermöglichen wird, die an den leitenden Ingenieur der Abteilung 5 gestellt werden.

Wenn Sie aufgrund meiner Unterlagen ebenfalls zu dieser Ueberzeugung gelangen, dann erwarte ich gern Ihren Vorschlag, wann wir uns zur Besprechung der Einzelheiten treffen können.

Mit freundlichen Grüssen

Lebenslauf
3 Arbeitszeugnisse

# Bewerbungsschreiben

## Beispiel G — Bewerbung generell bei einer Grossfirma

Hansjürg Vollmer  
Im Eich 12  
8008 Zürich

Zürich, 25. Juli 19..

S + C Inc AG  
Personalabteilung  
Postfach 131  
8027 Zürich

Sehr geehrte Damen und Herren

Die Anstellung gut qualifizierter junger Fachkräfte für spätere Führungsaufgaben ist eine Daueraufgabe jedes grösseren, erfolgreichen Unternehmens. Manchmal gleicht die Suche nach geeigneten Mitarbeitern der berühmten Suche nach der Nadel im Heuhaufen.

Ich möchte Ihnen diese Suche erleichtern und sende Ihnen in der Beilage meine Bewerbungsunterlagen zusammen mit der ausführlichen beruflichen Zielsetzung. Sie werden daraus ersehen, dass ein Anstellungsverhältnis für Sie und für mich erhebliche Vorteile bieten würde. Dies wäre eine gute Basis.

Gerne halte ich mich für ein persönliches Interview bereit. Ich befinde mich in ungekündigter Stellung und bin auf Ihre Diskretion angewiesen.

Mit freundlichen Grüssen

Kurzer Lebenslauf  
2 Arbeitszeugnisse

## Origineller Brief

## Bewerbungsschreiben

## Beispiel H

Heidi Werl
Tösstalstr. 298
8405 Winterthur

Winterthur, 21. Oktober 19..

Schanzer AG
Herrn C. Mühl
Mottenbachstr. 10
8712 Stäfa

**Inserat „Verkaufsleiter", „TA" vom 20.10.19..**

Sehr geehrter Herr Mühl

Sie suchen im Inserat vom 20.10.19.. im „TA" einen Verkaufsleiter.

Ich bin Verkaufsleiterin mit langjähriger Erfahrung in verschiedenen Branchen des Detailhandels und weise eine gute schulische Grundausbildung für alle Aufgaben des Verkaufsleiters auf. Die Resultate meiner Tätigkeit für meine bisherigen Arbeitgeber in Zahlen und Fakten ersehen Sie aus meinen Bewerbungsunterlagen.

Eigentlich wäre nur noch notwendig, dass Sie dem von Ihnen gesuchten Verkaufsleiters ein „-in" hinzufügen, und ein persönliches Gespräch würde für beide Seiten interessant. Ich freue mich auf Ihre Einladung.

Mit freundlichen Grüssen

Lebenslauf
4 Arbeitszeugnisse (Kopien)
1 Verkaufsprovisionsabrechnung
  vom August 19..

Technische Massnahmen

Schriftliche Bewerbung

### 5.2.3 Das persönliche Rundschreiben an Firmen

Das persönliche Rundschreiben enthält grundsätzlich folgende Teile (vgl. auch Seiten 79 und 80):

1. Allgemeine Bemerkungen zur Person des Absenders
2. Zielsetzung des Absenders
3. Bisherige berufliche Erfolge des Absenders
4. Überblick über spezielle Fähigkeiten des Absenders
5. Diplome, Auszeichnungen u. ä. des Absenders
6. Angebot für ein persönliches Gespräch, evtl. Offerte für Zustellung der ausführlichen Bewerbungsunterlagen
7. Dank zum voraus für die Prüfung der Unterlagen und die Antwort

Es folgen Beispiele für geglückte persönliche Rundschreiben.

# Persönliche Rundschreiben

## Beispiel A

Rolf Brunner, Regensdorferstrasse 21, 8180 Bülach          Tel. P 01 ... ... ..

Frau
Anna-Maria Kuriger
AMK-Treuhand AG
Postfach
8180 Bülach

Bülach, 1. Oktober 19..

**Partnerschaft / Bewerbung**

Sehr geehrte Frau Kuriger

Als in Bülach Aufgewachsener habe ich stets die Veränderungen im wirtschaftlichen Umfeld verfolgt. Dabei ist mir im Laufe der Jahre immer wieder Ihr Unternehmen aufgefallen, das sich sehr dynamisch entwickelt hat.

Und genau einen solchen Ort wünsche ich mir als neues Tätigkeitsgebiet: Fachlich bin ich bestens ausgewiesen (kaufm. Lehre mit anschliessendem eidg. Buchhalterdiplom) und ich besitze gute Referenzen. Durch meine Mitgliedschaft im lokalen Dachverband der Sportvereine verfüge ich über ein vielfältiges Beziehungsnetz und kenne viele Betriebe in der näheren und weiteren Umgebung, die als potentielle Kunden in Frage kommen könnten.

Die Arbeit in einem Team entspricht mir weit besser als Einzelgängertum - deshalb würde ich gerne mit Ihnen besprechen, ob Sie an einer Zusammenarbeit interessiert wären. Ich werde mir erlauben, Sie in den nächsten Tagen anzurufen, um einen Termin zu vereinbaren. Wenn Sie es wünschen, lasse ich Ihnen vorher gerne weitere Angaben zukommen.

Mit freundlichen Grüssen

# Persönliche Rundschreiben

## Beispiel B

Ruth Blumer
Carnusa 11
7270 Davos-Platz

Davos-Platz, 25. März 19..

Herrn
A. Waibel
Blumenhaus Schenkel
Waaggasse 10
4600 Olten

Sehr geehrter Herr Waibel

Für unseren Berufsstand werben wir mit dem Slogan „Sag es mit Blumen". Mit Blumen um eine neue Stelle zu werben ist nun allerdings etwas schwierig, darum erhalten Sie dieses Schreiben.

Ich suche eine neue Aufgabe. Als Floristin/Meisterin leite ich seit fünf Jahren erfolgreich hier in Davos-Platz das führende Blumengeschäft. Wir beschäftigen während der Sommer- und Wintersaison 3 Binderinnen und 2 Lehrlinge. Die Umsätze haben sich unter meiner Leitung jährlich um durchschnittlich 8 % erhöht, die Nettoerträge liegen dank Kostenbewusstsein einiges über dem Branchendurchschnitt. Auf Wunsch können lückenlose Berufsreferenzen vorgelegt werden.

Mein Ziel ist es, als Meisterin die Leitung eines grösseren Stadtgeschäftes an guter Lage mit ca. 5 Angestellten zu übernehmen. Ich bin es gewohnt, einen erheblichen Teil meines Gehaltes in erfolgsabhängigen Provisionen zu beziehen, was ich auch weiterhin ähnlich halten möchte. Die Meisterprüfung im Floristengewerbe habe ich 19.. als Drittbeste in Zürich abgeschlossen.

Sind Sie an einem Gespräch interessiert? Ich bin es und freue mich auf Ihre Antwort.

Mit freundlichen Grüssen

Technische Massnahmen
Vorstellungsgespräch/Interviewtechnik

## 5.3 Das Vorstellungsgespräch/Interviewtechnik

Der entscheidende Augenblick für die erfolgreiche Bewerbung um eine Stelle ist das Vorstellungsgespräch. Eine genaue Vorbereitung und die Kenntnis des optimalen Vorgehens beim Vorstellungsgespräch verhelfen zum gewünschten Stellenangebot durch den Arbeitgeber.

### 5.3.1 Vorbereitung – persönliche Checkliste

Spätestens nach der Einladung zu einem Interview empfiehlt es sich, sich gedanklich in Form einer persönlichen Checkliste auf das Gespräch vorzubereiten.
Es gilt zu überlegen, welche Fragen einem Bewerber gestellt werden könnten und wie damit umzugehen ist.

Häufig gestellte Fragen sind:

- Was wissen Sie über unser Unternehmen?
- Erzählen Sie etwas über sich selbst?
- Warum möchten Sie bei uns arbeiten?
- Warum haben Sie sich bei uns beworben?
- Welches sind Ihre Stärken, Ihre Schwächen?
- Welches sind Ihre grössten Erfolge, welches Ihre grössten Misserfolge?
- Wie lange wollen Sie bei uns bleiben?
- Wo sehen Sie sich in fünf Jahren?
- Was machen Sie in Ihrer Freizeit?
- Wieviel möchten Sie verdienen?

Beim Analysieren der Bewerbungsunterlagen werden weitere Punkte zu Fragen Anlass geben, z.B.

- Stellenwechsel: Gründe, Motivation
- kurze Anstellungen
- Lücken zwischen zwei Anstellungen
- Häufige Branchen-/Funktionswechsel

Technische Massnahmen

Vorstellungsgespräch/Interviewtechnik

- Gesundheitliche Probleme
- Bemerkungen/Lücken in Zeugnissen von Arbeitgebern

Solche Interviewsituationen können mit einer dem Bewerber vertrauten Person geübt werden. Wobei nicht stereotype, auswendig gelernte, sondern glaubwürdige, nachvollziehbare Antworten überzeugen und positiv wirken.

Das Vorstellungsgespräch bietet aber auch dem Stellensuchenden Gelegenheit, für ihn wichtige Punkte zu klären und durch Fragen Interesse zu zeigen. Eine Checkliste, die zum Gespräch mitgenommen wird, hilft, dass nichts vergessen geht.

Folgende Themen mit möglichen Fragen können für eine neue Stelle wichtig sein:

### Art der Tätigkeit

- Gibt es eine Stellenbeschreibung?
- Was muss ich für Arbeiten ausführen?
- Welche Verantwortung/Kompetenzen sind mit dieser Stelle verbunden?

### Arbeitsplatz

- Wie ist der Arbeitsplatz ausgerüstet?
- Welche Geräte/Maschinen werden verwendet?
- Kann ich meinen künftigen Arbeitsplatz sehen?

### Personelle Umgebung

- Wer ist mein Vorgesetzter? Fachvorgesetzter?
- Teamzusammensetzung?
- Kann ich die Mitarbeiter und Mitarbeiterinnen kennenlernen?
- Gibt es ein Organigramm?
- Weshalb wird diese Stelle durch jemanden von extern und nicht intern besetzt?

## Technische Massnahmen
### Vorstellungsgespräch/Interviewtechnik

Bei Kandidaten in der engeren Wahl sind auch Anstellungsbedingungen und Sozialleistungen auszuhandeln, z. B.:

- Arbeitszeiten, Überstunden, Ferien (Betriebsferien)
- BVG, Freizügigkeit, Krankenversicherung
- Lohn, Gratifikation/13. Monatsgehalt (vgl. S. 96)
- Eintrittsdatum, Kündigungsfrist
- Probezeit

Je nach Situation sollen auch ergänzende Fragen, z. B. nach beruflicher Weiterbildung, Entwicklungsmöglichkeiten, besprochen werden.
Es gilt, nach den Vorarbeiten für das gewünschte Vorstellungsgespräch ein paar einfache Grundregeln zu beachten, die eigentlich selbstverständlich sein sollten, aber häufig nicht berücksichtigt werden.

### 5.3.2 Pünktlichkeit

Natürlich wird jeder Stellenbewerber darauf achten, beim Vorstellungsgespräch pünktlich zu sein. Dennoch kann es ihm passieren, dass er zu spät ankommt: Anfahrtswege werden vom Autofahrer unterschätzt, Bus- oder Zugsverbindungen nicht genau studiert. Man findet den Firmensitz des zukünftigen Arbeitgebers nicht auf Anhieb; man hat den Zeitpunkt des Vorstellungsgespräches falsch in die Agenda (oder, noch schlimmer, gar nicht!) eingetragen. Man hat die Adresse des zukünftigen Arbeitgebers und/oder den Namen des Interviewers falsch notiert und muss sich zuerst durchfragen usw.
Alle diese Schwierigkeiten sind auf eigenes Verschulden zurückzuführen und lassen beim Interviewer von allem Anfang an den Eindruck entstehen, der Bewerber sei schlecht organisiert, was sicher kein Vorteil für eine allfällige spätere Anstellung ist. Natürlich gibt es auch unverschuldetes Zuspätkommen, z. B. bei Unfällen, Zugsverspätungen, schlechten Witterungsverhältnissen. Für diese Gründe wird jeder erfahrene Interviewer Verständnis haben. Nur sollte keineswegs versucht werden, eigenes Verschulden mit derartigen Vorfällen zu kaschieren. Ausreden haben meist – wie Lügen – kurze Beine.

Technische Massnahmen

### Vorstellungsgespräch/Interviewtechnik

Deshalb ist die Beachtung folgender **Checkliste der Vorbereitungen** für das Vorstellungsgespräch dringend notwendig:

- **Adresse**
  Die Adresse des zukünftigen Arbeitgebers und der Name des Interviewers werden genau notiert.

- **Zeitpunkt**
  Der Zeitpunkt des Vorstellungsgespräches wird in der Agenda eingetragen.

- **Anfahrtswege**
  Genaue Informationen über die beste Zufahrt (evtl. Bus-/Bahnverbindungen) zum Firmensitz des zukünftigen Arbeitgebers sind wichtig.

- **Telefonnummer**
  Die Telefonnummer des zukünftigen Arbeitgebers wird notiert, damit bei Bedarf noch rechtzeitig Rückfragen möglich sind. Bei Unsicherheiten ist es auf alle Fälle besser, nochmals nachzufragen. Dies hinterlässt keinen schlechten Eindruck.

- **Zeitreserve**
  Eine genügende Zeitreserve zur Hinfahrt ist einzuräumen. Lieber zu früh in der Nähe des Firmensitzes warten, als völlig aufgelöst in letzter Minute anzurasen.

- **Anfahrtszeit**
  Sofern die Anfahrtswege nicht bekannt sind, ist es sehr nützlich, vor dem Interviewdatum die Strecke abzufahren, um eine sichere Orientierung zu gewinnen. Nichts ist entmutigender, als die gesamte Zeitreserve mit nutzlosem Hin- und Herfahren zu vergeuden. Vielleicht lohnt es sich, mit einem Taxi zum Firmensitz zu fahren.

- **Unterlagen**
  Vor der Abfahrt zum Vorstellungsgespräch müssen nochmals die Unterlagen auf Vollständigkeit geprüft werden, z.B. Originalzeugnisse, Firmeninformation, Korrespondenz mit dem Interviewer, persönliche Checkliste für das Gespräch.
  Es ist nämlich nicht sehr begeisternd für den Interviewer, wenn er feststellt, dass der Bewerber ausgerechnet die verlangten Unterlagen für das Vorstellungsgespräch zu Hause gelassen hat.

Technische Massnahmen
Vorstellungsgespräch/Interviewtechnik

### 5.3.3 Äussere Erscheinung

Wir alle beurteilen einen Menschen, den wir zum erstenmal sehen, auf Anhieb nach seinem Äusseren. Diese Tatsache mag ungerecht erscheinen, denn der erste Eindruck kann falsch sein. Sie ist jedoch nicht wegzuleugnen. Wer in Jeans zum Vorstellungsgespräch als Bankkassier erscheint, wird zwar als «lässig» eingestuft werden; ob dies aber die geeignete Voraussetzung für eine Anstellung ist, muss ernsthaft bezweifelt werden. Umgekehrt erscheint es auch nicht gerade gewitzt, sich im grauen Nadelstreifenanzug als idealer Kandidat für den Posten des Lagergehilfen zu melden. Die äussere Erscheinung sollte den Vorstellungen des Arbeitgebers von seinem zukünftigen Arbeitnehmer optimal entsprechen.

- Kleidung
  Nicht zu lahm, aber auch nicht zu poppig. Wichtig ist vor allem die Sauberkeit. Krawatte, Hemd und Anzug sollten zusammenpassen. Dies gilt auch für Jeans, Pullover und Lederjacke, die allenfalls für Vorstellungsgespräche im gewerblich-technischen Bereich akzeptiert sind. Turnschuhe gehören in die Freizeit, für das Interview eignen sich saubere, eher dunkle Schuhe (ohne schiefe Absätze) besser.
  Für Bewerberinnen gelten die gleichen Grundsätze: Eleganz wirkt gut, allzu Modisches lässt leicht auf Extravaganz schliessen. Dezentes Make-up bringt ein Gesicht zur Geltung, zuviel davon wertet es ab. Jupe und Blazer oder Kostüm, kombiniert mit einer Bluse sowie passenden Schuhe mit niedrigen Absätzen, sind meistens angebracht. Hosen eignen sich nicht für jede Situation. Die Kleidung sollte eine positive Wirkung unterstützen. Sie sollte aber nicht allzu auffällig sein.

- Äusseres allgemein
  Eine wirkliche Selbstverständlichkeit sollten sauberes Gesicht und saubere Hände sowie gepflegte Haare sein.

### 5.3.4 Informationen über den zukünftigen Arbeitgeber

Es ist wichtig, vor dem Vorstellungsgespräch die früher gesammelten Informationen über die Wirtschaftsbranche, die Firmenstruktur und die zukunftsträchtigen Tätigkeiten innerhalb einer Firma nochmals im

## Technische Massnahmen

### Vorstellungsgespräch/Interviewtechnik

Detail durchzusehen (vgl. dazu den Abschnitt «Nachfrageanalyse», insbesondere Seite 19). Natürlich muss nichts auswendig gelernt werden, dies wirkt für den Interviewer eher komisch und gestelzt. Aber die ganze vorherige Arbeit hat nur dann einen Sinn, wenn wir sie im richtigen Zeitpunkt auch nutzen. Praktisch geht es dabei darum, die Information zu sichten, die richtigen Erkenntnisse daraus zu ziehen und diese im Interview im richtigen Masse anzubringen.

### 5.3.5 Verhalten während des Vorstellungsgespräches

Viele Bewerber machen beim Vorstellungsgespräch den Fehler zu glauben, den Interviewer durch möglichst viel Reden beeindrucken zu müssen. Dies geschieht jedoch meist aus Unsicherheit und Nervosität und hinterlässt auch den entsprechenden Eindruck. Wer pünktlich ist, einnehmend präsentiert, viel über seinen zukünftigen Arbeitgeber und seine Branche weiss, hat es nicht nötig zu schwatzen. Er kann

**aktiv zuhören**

und im rechten Augenblick direkt und indirekt auf die Fähigkeiten seiner Person als zukünftiger Angestellter hinweisen.

Gute Zuhörer machen auf ihre Umgebung immer den interessanteren Eindruck als Schwätzer mit schneller Zunge. Dies gilt nicht nur bei Stellenbewerbungen, sondern bei jedem Zusammentreffen von Personen. Aktives Zuhören ist jedoch um so wichtiger in einem Augenblick, wo die berufliche und damit die persönliche Zukunft vom guten Eindruck abhängt. Aktive Zuhörer sind es, welche der erfahrene Personalinterviewer schätzt.

Natürlich kann man beim Vorstellungsgespräch nicht nur dasitzen und stumm der Dinge harren, die da kommen. Aktiver Zuhörer sein bedeutet, mit dem Gesprächspartner durch Fragen, Aussagen und Hinweise ein für beide Teile interessantes Gespräch zu führen. Das ist nicht leicht und erfordert Übung.

Nochmals: Man ist nur dann ein interessanter Bewerber im Vorstellungsgespräch, wenn man

– selbstsicher auftritt durch Pünktlichkeit, saubere äussere Erscheinung und hart erarbeiteten Informationsvorsprung;

**Technische Massnahmen**

**Vorstellungsgespräch/Interviewtechnik**

- aktiv zuhören kann (Fragen, Hinweise, gezielte Aussagen) und beim Interviewer damit Interesse an der eigenen Person weckt.

Der Interviewer wird fast unbewusst an solchen Bewerbern Interesse zeigen, die im Gespräch auf seiner Ebene mithalten können und ihm sogar neue Anregungen und Ziele für die zukünftige Tätigkeit innerhalb der Firma aufzeigen. Natürlich mit Massen, denn es kann sicher nicht der Zweck sein, im Vorstellungsgespräch eine Art Unternehmensberatung durchzuführen!

### 5.3.6 Das Vorstellungsgespräch aus der Sicht des Interviewers

Wie sieht das Vorstellungsgespräch aus der Sicht des Interviewers aus? Grundsätzlich lässt sich folgendes dazu sagen:

- Der Interviewer erhält – je nach Situation auf dem Arbeitsmarkt – gar keine, einige oder viele Bewerbungsschreiben.
- Er hat nun die nicht leichte Aufgabe, aus dem Angebot die für den Betrieb richtige Person auszuwählen. Wählt er die falsche, so fällt die Schuld für diese Fehlentscheidung auf ihn selbst zurück. Der Interviewer geht deshalb mit Vorsicht und einem gewissen Misstrauen an die Aufgabe der Auswahl heran. Bei ausgetrocknetem Arbeitsmarkt geht es für den Personalverantwortlichen vielfach darum, überhaupt einen geeigneten Mitarbeiter zu finden. Bei einem Personalüberangebot dagegen hat er die Aufgabe, aus vielen geeigneten Bewerbern den besten auszuwählen. Der gut informierte Bewerber ist sich dieser Tatsachen bewusst und stellt sich im Vorstellungsgespräch darauf ein.
- Im ersten Gespräch mit den Bewerbern geht es dem Personalinterviewer darum, aus einer Vielzahl von Bewerbern die drei, vielleicht vier interessanten Personen auszuwählen, welche er für ein zweites Gespräch, möglicherweise verbunden mit einem Stellenangebot, einladen will. Das Urteil über die Bewerber wird nach dem ersten Interview deshalb kürzer, härter und oberflächlicher sein. Der erfolgreiche Bewerber ist sich dieser Tatsache bewusst und wird versuchen, im ersten Interview möglichst etwas unter die Oberfläche zu gelangen und beim Interviewer den Wunsch nach einem weiteren Gespräch wach werden zu lassen.

**Technische Massnahmen**

**Vorstellungsgespräch/Interviewtechnik**

- Es gibt verschiedene Schemata zur Bewertung von Bewerbern. Eines davon haben wir auf Seite 92 kurz dargestellt. Es dürfte mit kleinen Änderungen in den meisten Fällen zur Anwendung gelangen. Natürlich gehen nicht alle Interviewer derart systematisch vor, aber im Denken und Entscheiden wird ungefähr diese Art Schema bewusst oder unbewusst angewendet werden. Wer als Bewerber diese Beurteilungsgesichtspunkte kennt, hat schon einen sehr grossen Vorteil. Wer sich zudem darauf einstellt, hat schon fast gewonnen, denn er bietet sich «abnehmergerecht» an, wie dies im Marketing genannt wird.

### 5.3.7 Kritische Momente im Vorstellungsgespräch

Der Personalinterviewer hat während des Vorstellungsgesprächs nur ein Ziel: möglichst viel – Positives und Negatives – über den Bewerber zu erfahren. Er wendet gewisse Techniken an, um dieses Ziel zu erreichen. Wenn Sie auf die typischen Situationen vorbereitet sind, sind Sie im Vorteil.

- **Ausweichende oder ungenaue Auskünfte des Bewerbers**
  Der Interviewer wird genau an diesem Punkt «weiterbohren» (weiterfragen). Er wird nicht eher zu anderen Detailfragen weitergehen, bevor er den Bewerber entweder festgenagelt oder dieser den Kopf auf positive Art aus der Schlinge gezogen hat. Es ist deshalb auf alle Fälle besser, bei heiklen Punkten (z. B. im Lebenslauf) von allem Anfang an genau und umfassend aus eigener Initiative Auskunft zu geben. Dies entspricht dem System der «Vorwärtsverteidigung» und ist auf alle Fälle dem «Einmauern» vorzuziehen.

- **Rückfragen**
  Zur Kontrolle der Wahrheit oder der Aussagen des Bewerbers wird der Interviewer im Laufe des Vorstellungsgespräches unvermittelt auf einen Bereich zurückkommen, über den bereits gesprochen wurde. Wehe demjenigen Bewerber, der im zweiten Durchgang zu einem Punkt in seinem Lebenslauf andere Aussagen macht als vorher im Gespräch! Alle seine Aussagen sind dadurch in Frage gestellt, und der Eindruck auf den Interviewer ist entsprechend. Deshalb ist es ausserordentlich wichtig, Selbstkontrolle über die eigenen Aussagen zu halten und möglichst genau eine Wiederholung der ersten Aussage zu erreichen, allenfalls einfach ein wenig weiter ausholend.

## Vorstellungsgespräch/Interviewtechnik

- **Gefühlsfragen**

  Besondere Vorsicht ist für den Bewerber dann geboten, wenn der Interviewer nach Gefühlen fragt (z.B. «Es muss für Sie nicht sehr angenehm gewesen sein, unter Ihrem früheren Chef zu arbeiten, nach allem, was Sie mir erzählt haben!») Damit will der Interviewer die Emotionsebene des Bewerbers abtasten (Hass, Zuneigung, Rache, Frustration, emotionelle Wärme und Anpassungsfähigkeit, soziale Akzeptanz u. a.). Bei derartigen Wendungen im Gespräch ist Ehrlichkeit von seiten des Bewerbers wohl die beste Lösung. Ehrlichkeit allerdings verbunden mit Diplomatie. Am besten ist es, wenn der Bewerber sich vor dem Interview fragt, welche Teile des Lebenslaufs vielleicht zu Gefühlsfragen Anlass geben könnten. Die entsprechenden Antworten lassen sich dann vorbereiten und werden im Vorstellungsgespräch möglichst natürlich unterbreitet.

- **Schweigen**

  Hartgesottene Interviewer (ähnlich den guten Einkäufern) werden gegen Ende des Vorstellungsgesprächs unvermittelt schweigen. Sie lassen den Bewerber buchstäblich «im eigenen Saft schmoren». Sie werden einfach nichts mehr sagen und die Reaktion des Bewerbers abwarten. Sofern der Bewerber jetzt drauflosschwatzt, hat er seine eigene Unsicherheit (oder unangebrachte Dreistigkeit) verraten; zieht er sich ebenso ins Schweigen (als eine Art Machtkampf) zurück, verkennt er die Lage. Die beste Reaktion in derartigen Situationen ist wohl eine Frage, z.B. «Kann ich irgendwelche Informationen über mich noch ergänzen?» Damit hat der Bewerber den Ball zurückgegeben, und die Situation sollte eigentlich gerettet sein.

- **Entscheidung**

  Es ist schwierig, etwas über den Entscheid des Interviewers vorauszusagen. Wir haben bereits gelernt, dass es gilt, Interesse an der eigenen Person zu wecken. Der Interviewer wird den Bewerber nach seinem persönlichen System beurteilen. Wir lernten die Grundlagen dieses Systems auf Seite 87 kennen. Bis wir mehr über den Entscheid des Interviewers wissen, gilt es nun, Ruhe und Selbstsicherheit zu wahren. Wenig erfolgversprechend sind Versuche des Bewerbers, nach dem Vorstellungsgespräch durch telefonische oder schriftliche Eingaben noch Punkte gutzumachen. Dies sollte man unbedingt unterlassen, bis man vom künftigen Arbeitgeber eine negative oder

Technische Massnahmen
Vorstellungsgespräch/Interviewtechnik

positive Mitteilung erhält. Es wirkt nämlich für die Bewerbung eher herabsetzend, wenn der Bewerber zur Unzeit (während des Entscheidungszeitraumes) Einfluss zu nehmen versucht.
Nach erfolgter Reaktion durch den zukünftigen Arbeitgeber bzw. dessen Bevollmächtigten ist jedoch nochmals eine eigene Initiative möglich. Darüber mehr im Kapitel «Vertragsabschluss».

### 5.3.8 Die persönliche Interviewauswertung

Auch Stellensuchende sollten versuchen, das Vorstellungsgespräch aus ihrer Sicht zu beurteilen. Folgende Fragen können dabei helfen:

- War ich genügend vorbereitet?
- Welche Fragen haben mir Mühe bereitet? Wie könnte ich geschickter antworten?
- Was habe ich vergessen zu erwähnen? Was hätte ich nicht erwähnen sollen?
- Wurden meine Fragen – genügend – beantwortet?
- Könnte ich mir vorstellen, mit dieser Person zusammenzuarbeiten (wenn das Gespräch mit dem/der direkten Vorgesetzten stattgefunden hat. Gefühl!)?

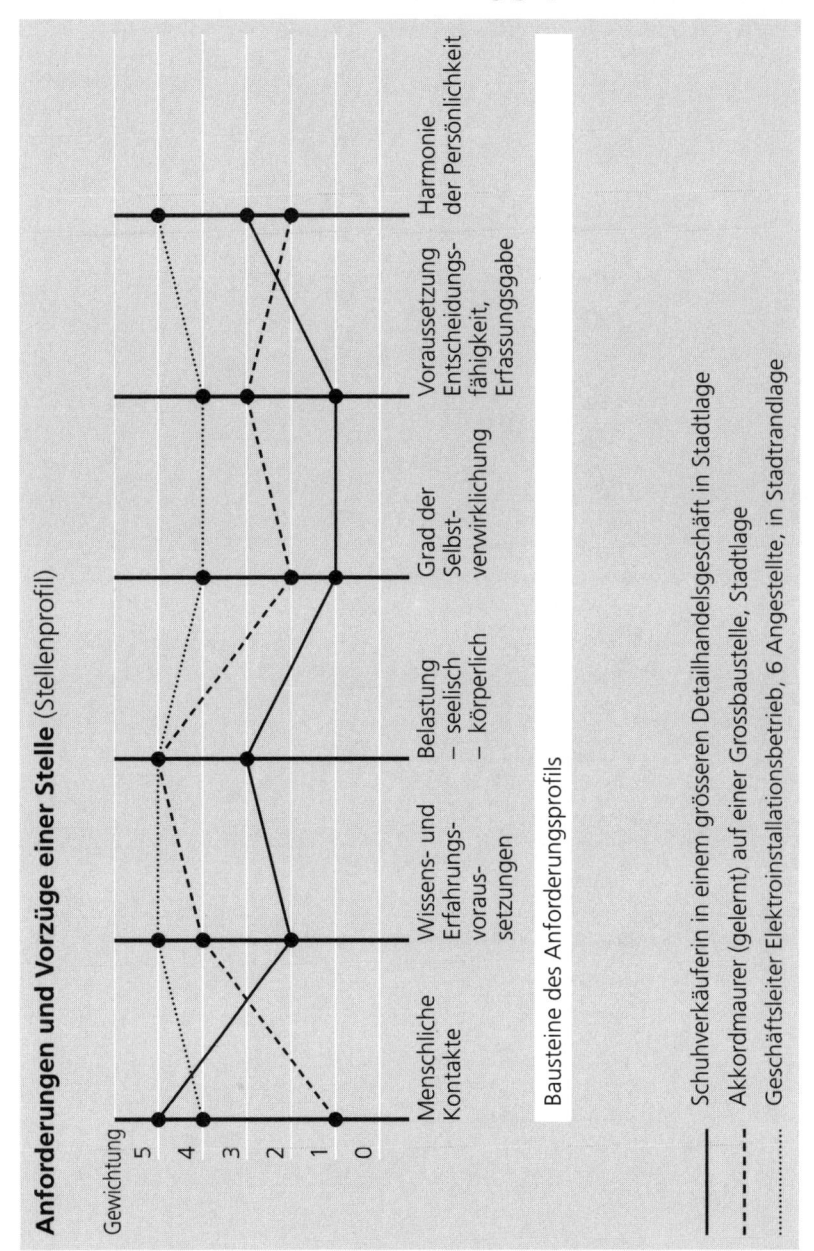

Technische Massnahmen

Vorstellungsgespräch/Interviewtechnik

**Anforderungen und Vorzüge einer Stelle** (Stellenprofil)

| Gewichtung | Menschliche Kontakte | Wissens- und Erfahrungsvoraussetzungen | Belastung – seelisch – körperlich | Grad der Selbstverwirklichung | Voraussetzung Entscheidungsfähigkeit, Erfassungsgabe | Harmonie der Persönlichkeit |
|---|---|---|---|---|---|---|
| 5 | | | | | | |
| 4 | | | | | | |
| 3 | | | | | | |
| 2 | | | | | | |
| 1 | | | | | | |
| 0 | | | | | | |

Bausteine des Anforderungsprofils

—— Schuhverkäuferin in einem grösseren Detailhandelsgeschäft in Stadtlage
- - - - Akkordmaurer (gelernt) auf einer Grossbaustelle, Stadtlage
......... Geschäftsleiter Elektroinstallationsbetrieb, 6 Angestellte, in Stadtrandlage

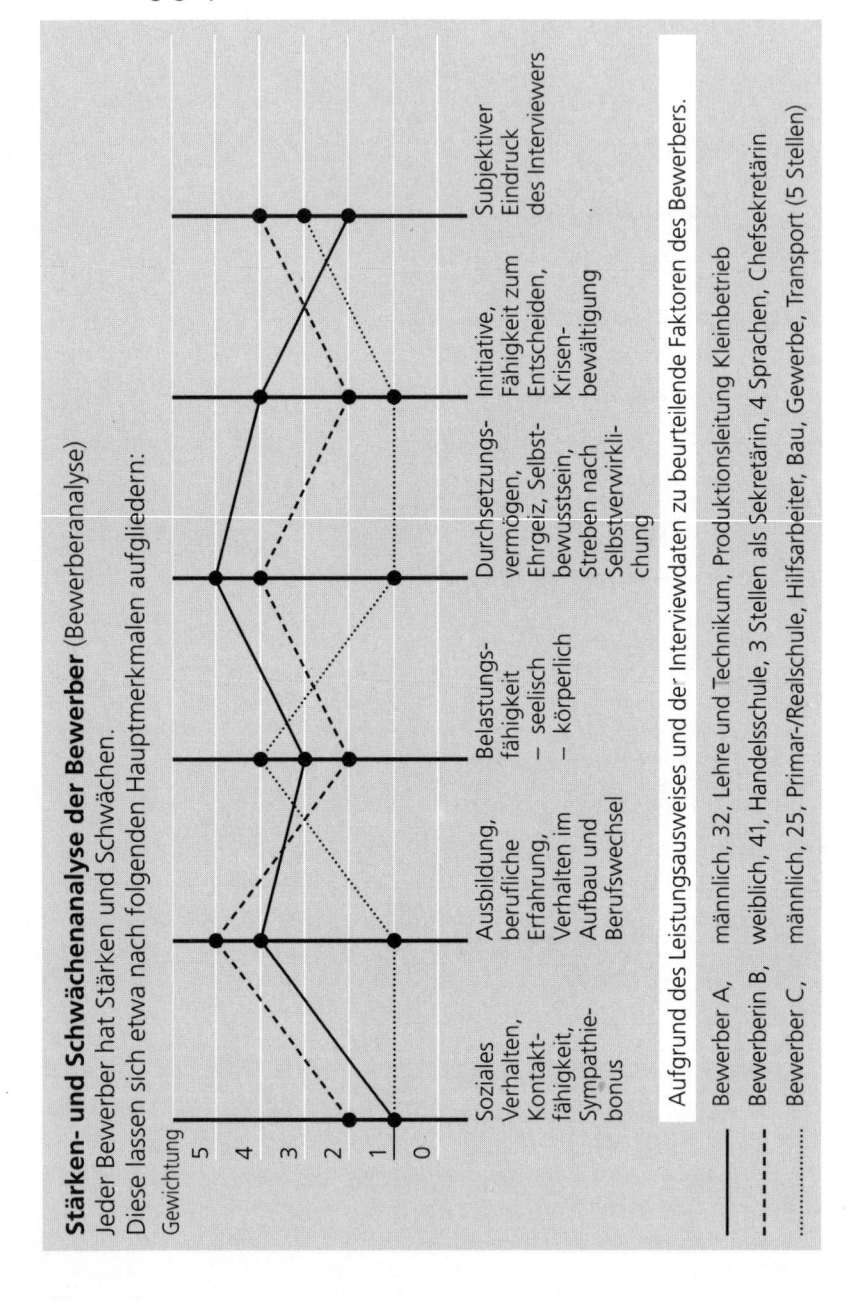

## Technische Massnahmen

### Vorstellungsgespräch/Interviewtechnik

**Stärken- und Schwächenanalyse der Bewerber** (Bewerberanalyse)
Jeder Bewerber hat Stärken und Schwächen.
Diese lassen sich etwa nach folgenden Hauptmerkmalen aufgliedern:

| Gewichtung | Soziales Verhalten, Kontaktfähigkeit, Sympathiebonus | Ausbildung, berufliche Erfahrung, Verhalten im Aufbau und Berufswechsel | Belastungsfähigkeit<br>– seelisch<br>– körperlich | Durchsetzungsvermögen, Ehrgeiz, Selbstbewusstsein, Streben nach Selbstverwirklichung | Initiative, Fähigkeit zum Entscheiden, Krisenbewältigung | Subjektiver Eindruck des Interviewers |
|---|---|---|---|---|---|---|
| 5 | | | | | | |
| 4 | | | | | | |
| 3 | | | | | | |
| 2 | | | | | | |
| 1 | | | | | | |
| 0 | | | | | | |

Aufgrund des Leistungsausweises und der Interviewdaten zu beurteilende Faktoren des Bewerbers.

Bewerber A,   männlich, 32, Lehre und Technikum, Produktionsleitung Kleinbetrieb
Bewerberin B, weiblich, 41, Handelsschule, 3 Stellen als Sekretärin, 4 Sprachen, Chefsekretärin
Bewerber C,   männlich, 25, Primar-/Realschule, Hilfsarbeiter, Bau, Gewerbe, Transport (5 Stellen)

———  Bewerber A
- - - -  Bewerberin B
······  Bewerber C

## 5.4 Der Vertragsabschluss

Jeder gute Verkäufer weiss, dass nichts so wichtig ist wie die Unterschrift des Käufers unter einem Vertrag. Erst nach dieser Unterschrift kann man einen Erfolg verzeichnen. Und jeder gute Verkäufer weiss auch, dass der Kunde jedesmal bei der Unterschrift zögert, da er sich unbewusst dagegen wehrt, sich zu binden. Manches gute Verkaufsgespräch ist schon im letzten Augenblick gescheitert, weil es dem Verkäufer nicht gelang, die Widerstände des Kunden vor der Vertragsbindung zu durchbrechen.

Der Abschluss eines Anstellungsvertrages stellt sich zwar nicht genau gleich, aber ähnlich dar. Mit seiner Unterschrift verpflichtet sich der Arbeitgeber, den Bewerber in seine Firma aufzunehmen, ihn einzuarbeiten, ihm geschäftliche Informationen zu vermitteln und ihm eine beträchtliche Geldleistung, den Lohn samt Sozialleistungen, forthin regelmässig auszuzahlen. Diese Bürde ist für den Arbeitgeber gerade in schwierigen Zeiten nicht leicht zu tragen. Während es in Hochkonjunkturzeiten vielfach der Bewerber ist, dem die Unterschrift unter einen Anstellungsvertrag nicht leicht fällt, da er andere, vielleicht ebenso attraktive Angebote damit ausschlägt, so ist es für den Arbeitgeber in Zeiten mit einem Überschuss an geeigneten Bewerbern verlockend, den Entscheid über einen Anstellungsvertrag hinauszuzögern.

Der Bewerber muss deshalb im richtigen Zeitpunkt einhaken und dem Arbeitgeber die Unterschrift erleichtern. Das Angebot für eine Anstellung wird dem Bewerber im allgemeinen entweder während oder nach der zweiten Runde der Vorstellungsgespräche unterbreitet.

■ **Welche Techniken gibt es, um dem Arbeitgeber die Unterschrift zu erleichtern?**

1. Um einen Vertragsabschluss zu erreichen, muss der Bewerber durch folgende, eigene Feststellungen **selbstsicher wirken:**
   - Er braucht die Stelle nicht unbedingt, es gibt noch andere, ebenso gute Angebote. Er ist nicht unter Druck, weder psychisch noch finanziell.
   - Er akzeptiert ein Angebot nur dann, wenn es ihn begeistert und es den eigenen Vorstellungen entspricht.

## Technische Massnahmen
### Vertragsabschluss

- Der Bewerber ist begeistert über den Interviewer und dessen Gesellschaft und weiss, dass er der Gesellschaft ausgezeichnete Arbeit anbietet.
- Der Bewerber ist überzeugt, dass er für die Stelle am besten unter allen Konkurrenzbewerbern geeignet ist.

2. Nach den vier Feststellungen wird der Bewerber nun dem Arbeitgeber zu dessen Vorteil den **Abschluss des Vertrages erleichtern.** Den letzten Widerständen des Interviewers wird durch folgende Fragen (o. ä.) direkt entgegengetreten:

   - Gibt es einen Abschnitt meiner Berufspraxis, welcher noch ergänzt werden muss?
   - Gibt es irgend etwas, was noch nicht klar ist oder worüber Sie mehr Informationen wünschen?
   - Gibt es einen Grund, warum Sie mich nicht anstellen möchten? (Heikle, aber gute Frage.)

   Der Ball liegt damit beim Arbeitgeber. Sofern er klar antwortet oder zurückfragt, hat der Bewerber gewonnen; weicht er aus, so wird er den Bewerber wohl auch bei bester Abschlusstechnik nicht anstellen.

3. Nach der Beseitigung eigentlicher Widerstände geht es nun darum, **zu den Einzelpunkten eines kommenden Arbeitsverhältnisses vorzudringen.** Beispielsweise ist es vorteilhaft, den eventuellen Büro- oder Werkstattarbeitsplatz, die Anfahrtswege zur neuen Stelle, die Sozialleistungen der Firma (Pensionskasse u. ä.), die Arbeitszeiten, Ferienregelungen u. a. m. zu diskutieren. Dies alles wird dem Interviewer helfen, die Angst vor dem Entscheid zu verlieren und den Bewerber als neues Mitglied der Gemeinschaft zu akzeptieren.

4. Sofern der Interviewer zu diesem Zeitpunkt noch immer kein eigentliches Stellenangebot gemacht hat, kann der Bewerber **aus eigener Initiative offensiv werden,** z. B. durch Suggestivfragen wie «Sind wir uns also einig, dass ich am 1. Juni in der Werkstatt B mit der Arbeit beginnen werde?» oder «Kann ich an den nächsten vier Samstagen bereits an Ihrem Ausbildungskurs für Elektromonteure teilnehmen?» oder «Ist es Ihnen recht, wenn ich meinen bisherigen Arbeitgeber vom bevorstehenden Wechsel orientiere?» Natürlich beinhalten alle diese Fragen die Gefahr des Neins, doch muss der Bewerber, wenn

## Technische Massnahmen
### Vertragsabschluss

er selbstsicher genug ist, dieser Gefahr ins Auge schauen. Einen erfahrenen Interviewer überzeugt die Offensive des Bewerbers eher von dessen Qualitäten, als dass sie abschreckt.

Damit hat der Bewerber seine Karten ausgespielt; nun liegt es am Arbeitgeber, ein konkretes Angebot vorzulegen.

Technische Massnahmen

Vertragsbedingungen

## 5.5 Vertragsbedingungen

Mit dem Vertragsangebot hat der Arbeitgeber seine Widerstände gegen eine Anstellung aufgegeben. Er wird jedoch (das ist seine Aufgabe als guter Unternehmer) versuchen, den neuen Angestellten möglichst günstig «einzukaufen», d. h. möglichst tief zu entlöhnen.

Es gibt im Personal-Marketing den Grundsatz, dass jeder, der seine Berufsarbeit überdurchschnittlich gut ausführt, am Ende auch überdurchschnittlich entlöhnt werden wird. Aber eben, die Zeitkomponente ist darin eingebaut. Wer unter seinem Wert in ein neues Arbeitsverhältnis einsteigt, wird bedeutend länger haben, bis er zum reicheren Brotkorb gelangt, als derjenige, welcher gute Vertragsbedingungen aushandelt.

Auch bei der Verhandlung um die finanziellen Vertragsbedingungen muss der Bewerber einige Grundsätze beachten:

a) Der Arbeitgeber, der ein Arbeitsangebot macht, ist bereit, den Bewerber zu Arbeitsmarktbedingungen zu entlöhnen. Umgekehrt: Niemand stellt einen Bewerber ein, nur weil er sich billig anpreist.

b) Lohnfragen sollten erst nach dem eigentlichen Vertragsangebot diskutiert werden.

c) Ein Stellenangebot sollte vom Bewerber erst definitiv akzeptiert werden, wenn die Salärfrage geklärt ist.

d) Jeder Bewerber muss wissen, wie hoch sein Marktwert ist. Dieses Wissen erhält er aus früheren Bewerbungen, aus Inseraten (mit Salärangaben), aus Verbandspublikationen u. ä.

e) Für besondere, nicht lohnbezogene Leistungen (z. B. Ausbildungskurse, Trainingsperioden) kann der Bewerber Lohneinbussen in Kauf nehmen, sofern diese Leistungen zu guten Aufstiegschancen führen.

f) Der Bewerber muss selbstsicher genug sein zu wissen, dass er Überdurchschnittliches zu einem marktüblichen Lohn leisten wird. Seine Anstellung ist deshalb ein Vorteil für den Arbeitgeber.

g) Alle übrigen Vertragsbedingungen werden nach diesen Grundsätzen ausgehandelt.

Technische Massnahmen
Vertragsbedingungen

> Jetzt, nach dem Durcharbeiten dieses Leitfadens, haben Sie die Werkzeuge für eine erfolgreiche Stellenbewerbung in der Hand. Nun gilt es, positiv und selbstsicher in die Zukunft zu schauen. Wir wissen, dass Sie Erfolg bei Ihrer Stellenbewerbung haben werden.

## Stichwortverzeichnis

Aus- und Weiterbildung  46
Ausgangslage, wirtschaftliche  9
Bewerberanalyse  92
Bewerbung  49
   schriftlich  49
Bewerbungsschreiben, allg.  68
   Chiffre  74
   persönlicher Kontakt  75
   Rundschreiben
   an Firmen  76ff.
Bewerbungsunterlagen  44
Bürgerort  47

Diversifikation  34
   Generalisten  34, 36
   Spezialisten  34, 36

Foto  47

Informationen, Arbeitgeber  20, 85
Inserate  39, 40

Kontakte, persönliche  43

Lebenslauf  44
   Chronologischer  56
   Funktionsbezogener  60
   Kurzlebenslauf  49

Massnahmenplanung  34, 39

Nationalität  47
Networking  43

Personalvermittler  41
Referenzen  46
Rundschreiben  42

Stellenprofil  91
Stellen-Marketing  12, 14
   Angebotsanalyse  14, 25ff.
   Aufbau  14
   Grundlagen  12
   Karriereplanung  30
   Nachfrageanalyse  14, 17ff.
Stellensuche  15, 39
Stellenvermittler  41
Stellenwechsel  47
   Gründe  47

Vertragsabschluss  93
Vertragsbedingungen  96
Vorstellungsgespräch  81
   Äussere Erscheinung  85
   Checkliste  81, 84
   Interviewtechnik  81
   Kritische Momente  88
   Pünktlichkeit  83
   Verhalten  86
   Vorbereitung  81

Werdegang  46
   beruflicher  46
   schulischer  46

Zeugnisse  44
Zielsetzung  14, 33, 45, 47

**Das Arbeitszeugnis und seine «Geheimcodes»**
von Dr. iur. Edi Class und lic. iur. Sabine Bischofberger

> Dieser Ratgeber informiert, wie ein korrektes und vollständiges Arbeitszeugnis formuliert werden muss, er zeigt aber auch, wie ein Arbeitszeugnis richtig zu interpretieren ist. Neben den rechtlichen Grundlagen und zahlreichen Formulierungsvorschlägen zeigen Musterbriefe, wie im Konfliktfall ein beanstandetes Zeugnis korrekt angefochten wird. In einer Liste werden die gebräuchlichsten Geheimcodes interpretiert.
> ISBN 3-286-50944-2, 4. Auflage 1995, 96 Seiten.

**Arbeit und Recht**
von lic. iur. Hans Ueli Schürer

> «Arbeit und Recht» informiert praxisnah und anschaulich über Rechte und Pflichten – von Arbeitnehmerinnen und Arbeitnehmern wie auch von Arbeitgeberinnen und Arbeitgebern. Erläutert werden die wichtigsten Gesetzesartikel, die alle auf den neuesten Stand nachgeführt sind. Besonders wertvoll sind die Hinweise, wie arbeitsrechtliche Differenzen vermieden, beigelegt oder ausgefochten werden können.
> ISBN 3-286-50374-6, 4. Auflage 1994, 240 Seiten.

**KV – was nun?**

> Eine Orientierung für ausgebildete kaufmännische Angestellte über Fort- und Weiterbildungsmöglichkeiten in der deutschsprachigen Schweiz.
> ISBN 3-908003-07-5, 4. Auflage 1993, 239 Seiten.

**Datenschutz im Arbeitsverhältnis**
von lic. iur. Hans Ueli Schürer

Dieser Ratgeber zeigt, welche Daten bei der Personalselektion, während des Arbeitsverhältnisses und beim Austritt erfasst und bearbeitet werden dürfen: Dürfen z. B. graphologische Gutachten weitergeleitet werden? Wer hat Einblick ins Personaldossier? Was dürfen Referenzauskünfte beinhalten? Die 63 wichtigsten Fragen zum Datenschutz im Arbeitsverhältnis werden kompetent beantwortet.

ISBN 3-286-51121-8, 1. Auflage 1996, 160 Seiten.

**Die Frau im Arbeitsrecht**
von lic. iur. Rita Schmid Göldi und lic. iur. Hans Ueli Schürer

Das Fachbuch geht auf die Stellung der Frau im Arbeitsrecht ein und vermittelt neben den Rechtsgrundlagen das Wesentliche zur Teilzeitarbeit, zur Nacht- und Sonntagsarbeit, zur Schwangerschaft und Mutterschaft, zur Stellung der Frau des Unternehmers als Mitarbeiterin und Vorgesetzte. Kompetent werden die 86 wichtigsten Fragen zu den Rechten der Frau im Arbeitsverhältnis beantwortet.

ISBN 3-286-51131-5, 1. Auflage 1996, 182 Seiten.